DANIEL MARK EBERHARD

Unterrichtseinstiege Musik

Cornelsen

Der Autor:
Prof. Dr. Daniel Mark Eberhard ist Professor für Musikpädagogik und Musikdidaktik an der Katholischen Universität Eichstätt-Ingolstadt, Autor zahlreicher fachwissenschaftlicher und fachdidaktischer Publikationen, international tätiger Referent sowie professioneller Musiker.

Projektleitung: Franziska Wittwer, Berlin
Redaktion: Daniela Brunner, Korschenbroich
Umschlagkonzept: Jule Kienecker, Berlin
Gesamtgestaltung: LemmeDESIGN, Berlin

www.cornelsen.de

2. Auflage, 3. Druck 2024

Druck: H. Heenemann, Berlin

ISBN 978-3-589-15693-1

PEFC
PEFC/04-31-1156

PEFC zertifiziert
Dieses Produkt stammt aus nachhaltig bewirtschafteten Wäldern und kontrollierten Quellen.

www.pefc.de

Hinweis: Sie können die Materialseiten auf dem Kopierer auf 141 % vergrößern, um eine DIN-A4-Seite zu erhalten.

Vorwort

Der Unterrichtseinstieg ist von zentraler Bedeutung für den Verlauf einer Unterrichtseinheit. Dies gilt insbesondere für den Musikunterricht, mit dem die Schüler aufgrund ihres persönlichen Umgangs mit Musik besondere Erwartungen verbinden. In kaum einem anderen Fach werden die Unterrichtsinhalte so häufig von Schülern kommentiert, können eigene Erwartungen und Einstellungen auf Lehrer- und Schülerseite so relevant für den Unterrichtserfolg werden und ist das Verhalten der Beteiligten so stark durch die eigenen Präferenzen determiniert. Aus diesem Grund liegt es nahe, sich dieser bedeutsamen Unterrichtsphase des Musikunterrichts ausführlicher zu widmen und sich der vielfältigen Handlungsoptionen auf Lehrerseite im Sinne der eigenen Professionalisierung bewusst zu werden. Das vorliegende Buch möchte dazu ermutigen, bewährte, neue oder auch ungewöhnliche Formen von Unterrichtseinstiegen einzusetzen und damit die naturgemäße Neugier, Ruhe, Motivation, Wachheit und Fokussierung, die einer Einstiegssituation in der Regel innewohnt, sachgerecht, didaktisch begründet und pädagogisch sinnvoll zu nutzen. Gleichzeitig möchte die Publikation auch anregen, über die im Unterrichtsalltag bisweilen vernachlässigte Unterrichtsphase „Einstieg“ intensiver nachzudenken und ihr die angemessene Aufmerksamkeit zu widmen. Stunden- bzw. Unterrichtseinstiege sollten immer mit Blick auf die gesamte Stunde bzw. Stundensequenz ausgewählt werden und keinen Selbstzweck erfüllen. Zu klären ist diesbezüglich vor allem, inwiefern der Einstieg passgenau, sinnvoll und zielgerichtet auf das Thema der Stunde bzw. Stundensequenz und die angestrebten Kompetenzen ausgewählt und gestaltet ist.

Die im Hauptteil aufgeführten Vorschläge für Unterrichtseinstiege im Fach Musik sind nach Lernbereichen/Umgangsweisen mit Musik geordnet. Diese sind nicht streng systematisch voneinander zu trennen, sondern eng miteinander vernetzt, wodurch sich der scheinbare quantitative Unterschied relativiert. Mit der Aufgliederung in die fünf Bereiche „Musik hören“, „Über Musik nachdenken“, „Musik machen“, „Musik umsetzen und gestalten“ und „Musik erfinden“, sind lediglich Schwerpunktsetzungen gemeint.

Zuvor erinnert ein einführendes Kapitel an die wesentlichen Funktionen von Stunden- und Unterrichtseinstiegen, damit diese keinen reinen Formalismus darstellen, sondern bewusst und mit Inhalten, Methoden und Zielsetzungen korrespondierend eingesetzt werden. Im darauffolgenden Kapitel werden „Alltägliche Einstiege“ reflektiert – auch sie haben ihre Berechtigung im Schulalltag und wechseln sich in der Regel mit aufwändigeren und ausgefalleneren Einstiegen ab.

Für den Umgang mit Aufmerksamkeits-, Wahrnehmungs- und Feinmotorikdefiziten auf Schülerseite bietet ein eigenes Einführungskapitel Anregungen.

Sicherlich wäre es lohnenswert, auch Unterrichtsausstiege zu thematisieren, doch dies bleibt Aufgabe einer eigenen Publikation, die sich der ebenso bedeutsamen Phase des Zusammenfassens, Auswertens, Sicherns und des Ausblicks widmet.

In diesem Sinne wünsche ich Ihnen einen guten Einstieg in dieses Buch und viele ermutigende und inspirierende Anregungen für ihre tägliche Unterrichtspraxis im Fach Musik.

Daniel Mark Eberhard

P.S.: Aus Gründen der besseren Lesbarkeit wird in diesem Buch weitgehend die männliche grammatische Form verwendet. Natürlich sind damit auch immer Frauen und Mädchen gemeint, also Lehrerinnen und Schülerinnen.

Allgemeines zu Stunden- und Unterrichtseinstiegen

Jede unterrichtliche Situation beinhaltet neben Phasen der Erarbeitung, Vertiefung, Sicherung, des Transfers, der Übung usw. auch einen Einstieg. Dieser Einstieg kann von entscheidender Bedeutung für den weiteren Verlauf der Unterrichtseinheit sein. Vergleichbar ist das mit einem Schachspiel, bei dem der erste Zug bzw. die ersten Züge über das Gelingen oder Scheitern der Partie entscheiden können. Bereits mit dem Betreten des Klassenzimmers ist die Einstiegssituation eröffnet, in der Einstellungen, Erwartungen und Verhaltensweisen auf Schüler- und Lehrerseite relevant werden. Noch vor der Begrüßung registrieren die Beteiligten des Unterrichts Mimik und Gestik, Kleidung und Aussehen, Energien und Stimmungen, Launen und Tagesformen des Gegenübers, die auf verschiedenen Wahrnehmungs- und Kommunikationsebenen zum Tragen kommen.

Mit der gemeinsamen Begrüßung wird die eigentliche Stunde eingeleitet, auch hier sind der Tonfall, die Präsenz, die Körperhaltung, die Motivation, die Offenheit usw. des Lehrers für die Schüler spürbar – umgekehrt entwickelt der Lehrer schnell ein Gefühl für die aktuelle „Verfassung" Einzelner, bestimmter Gruppen oder der ganzen Klasse. Gerade bei Studierenden und bei Referendaren ist der erste Eindruck, den die Klasse gewinnt, entscheidend: „Für Studenten und Referendare, die erstmalig vor eine Klasse treten, hat der Einstieg zusätzlich die Bedeutung einer Visitenkarte: Sie sagen damit, wer Sie sind, was Sie können und was Sie wollen" (Meyer 2011, S. 130).

Zwar gilt das bisher Genannte grundsätzlich für alle Fächer, dennoch weist das Fach Musik – je nach schulischer Situation – mehr oder weniger fachspezifische Besonderheiten auf. Dazu gehört, dass die Schüler in der Regel einen Fachraum betreten, dass die Sitzordnung eine andere ist als im gewohnten Klassenzimmer, dass der Musiklehrer auf Ruhe und Konzentration bedacht ist, die Schüler jedoch aktiv Musik machen oder Musik hören wollen und der Fachraum mit vielen reizvollen Instrumenten und Materialien ausstaffiert ist. Außerdem ist die Erwartungshaltung von Lehrern und Schülern aufgrund der engen Verbindung von Musik und Persönlichem sowie der Verschiedenartigkeit individueller Vorstellungen von den Inhalten der Bildungspläne besonders ausgeprägt und heterogen. Auch Musikpräferenzen können einen besonderen Einfluss auf die ersten Schritte des Unterrichts haben.

Durch den Ortswechsel kommen die Schüler mit einer natürlichen Dynamik in den Fachraum, müssen sich erst einfinden, auf das Fach, den Lehrer und den Raum einstellen, Eindrücke hinsichtlich bereitgestellter Instrumente, aufgehängter Plakate, des aufgeklappten Flügels, interessanter Unterrichtsmaterialien, eines verdunkelten Raumes, des eingeschalteten Beamers usw. ordnen. All diese Faktoren gehören neben der Raumatmosphäre, der Position und Zuwendung des Lehrers mit zur Einstiegssituation, die Erwartungen schürt oder verwirft, motiviert oder demotiviert, erfreut oder enttäuscht, Neugier auslöst oder nicht, kurzum: diese Faktoren beeinflussen den Unterricht noch lange vor seinem eigentlichen Beginn. Diese Umstände sollten dem Leser bewusst sein, um die alltägliche Praxis, die Raumatmosphäre und- organisation, das eigene Auftreten, die Hinwendung zu den eintretenden Schülern zu reflektieren und die Gestaltung dieser Vorphase zu optimieren, noch bevor die Auseinandersetzung mit Einstiegsvarianten beginnt, auf die im Folgenden näher eingegangen wird.

In der vorliegenden Publikation werden sowohl Vorschläge für Stundeneinstiege/-eröffnungen, die meist ca. 5–10 Minuten beanspruchen, als auch Ideen für Unterrichtseinstiege im Sinne der Einführung in ein neues Thema bzw. in eine neue Lernaufgabe präsentiert. Im Schulalltag ist nicht jeder Einstieg in eine Unterrichtsstunde gleichbedeutend mit dem Einstieg in ein neues Thema. Aus diesem Grund bietet es sich auch nicht täglich an, vielfältigste und aufwändigste Einstiege vorzusehen, sondern vielmehr auf bewährtes, zielgerichtetes und „schnell zum Kern führendes“ Methodeninventar zurückzugreifen. Dieses wird in der vorliegenden Publikation im Kapitel „Alltägliche Einstiege“ näher thematisiert.
Vor der Beschäftigung mit verschiedenen Möglichkeiten von Unterrichts- bzw. Stundeneinstiegen sollte man sich deren Funktionen vergegenwärtigen, sodass die Einstiege nicht reinem Selbstzweck und bloßem Aktionismus anheimfallen. Zu fragen ist etwa vorab: Was soll mit dem Einstieg in der jeweiligen Stunde erreicht werden? Ist die Wahl des Einstiegs sinnvoll gekoppelt an Ziele, Kompetenzerwartungen, Zielgruppe, Rahmenbedingungen und Inhalte? Steht der Aufwand im Verhältnis zum Ertrag? Die Klärung dieser Fragen soll verhindern, dass die bedeutsame Phase des Einstiegs im Hinblick auf seine Bedeutung und die angedeuteten Faktoren ins Leere läuft.

Die Funktionen von Unterrichtseinstiegen sind unterschiedlich geartet. So zielen sie z. B. auf

- die innerliche Einstimmung auf das Fach, ggf. auch in Verbindung mit organisatorischen Ansagen und pädagogischen Maßnahmen,
- die Information der Schüler über Stundenaufbau, Inhalt, Zielsetzung,
- das Herstellen von Zusammenhängen sowie auf Rückschau und Ausblick in Bezug auf die aktuelle Stundensequenz,
- die thematische Hinführung und Vorbereitung der Unterrichtsstunde,
- die Neugier und das Interesse seitens der Schüler,
- eine Fragehaltung und problemlösendes Denken bei den Schülern,
- die Klärung von Vorwissen,
- die Beteiligung der Schüler an der Stundenplanung und -gestaltung,
- die Wiederholung und Übung.

Für die Planung und Beurteilung von Unterrichtseinstiegen nennt Hilbert Meyer (Meyer 2011, S. 125) folgende Kriterien. „Der Einstieg soll

- einen Orientierungsrahmen vermitteln.
- in zentrale Aspekte des neuen Themas einführen.
- an das Vorverständnis der Schüler anknüpfen.
- die Schüler disziplinieren.
- den Schülern möglichst oft einen handelnden Umgang mit dem neuen Thema erlauben.“

Dabei können Einstiege lehrerzentriert, schülerzentriert, problemorientiert, sinnlich-anschaulich oder auch spielerisch erfolgen, wie in den folgenden Kapiteln fachspezifisch erläutert wird. Nicht eigens thematisiert werden im Folgenden Organisationstätigkeiten, die den Beginn der Unterrichtsstunde hinauszögern. Das Einsammeln von Heften, Arbeitsblättern, Geld oder organisatorische Klärungen zu Beginn führen zum Verlust effektiver Lernzeit und nehmen den Schwung aus den Einstiegssituationen. Sinnvoller erscheint, derartige Klärungen allenfalls am Ende der Stunde nach einer gelungenen Gesamtzusammenfassung oder -darbietung vorzusehen.

Ebenso soll das, was Hilbert Meyer „Schrotschuß-Einstiege" (2011, S. 128) nennt, nicht eigens thematisiert werden. Dazu zählt er neben dem „Vokabel- oder Geschichtszahlenabfragen" (ebd.) beispielhaft auch das unspezifische, nicht auf ein bestimmtes Ziel hin gelenkte Singen eines Liedes zum Stundenbeginn: „Solche Einstiege haben eher die Aufgabe, den Seelen-, Körper- und Pausenschutt beiseitezuräumen, der den ‚eigentlichen' Beginn der Arbeit behindert" (ebd.). Dieser Auffassung könnte man zumindest entgegenhalten, dass das Singen zu Beginn einer Unterrichtsstunde – auch wenn es unspezifisch und nicht zielführend im Hinblick auf das Stundenthema erfolgt – u. a. einen wichtigen Beitrag zur Stimmpflege, zur Förderung des Singverhaltens und des -repertoires leistet sowie sozialisiert, ritualisiert und diszipliniert.

Abschließend soll der letztgenannte, für den weiteren Unterrichtsverlauf und das Fach Musik generell bedeutsame Aspekt „Disziplinierung" nochmals aufgegriffen werden: Unterrichtseinstiege dienen– wie bereits im Zusammenhang mit den Kriterien von Hilbert Meyer genannt – auch diesem Zweck. Die ersten Sekunden einer Unterrichtsstunde nivellieren den Level von Konzentration und Ruhe, Ernsthaftigkeit, Gültigkeit von Regeln und Toleranz für Abweichungen von der geltenden Norm etc. Empfehlenswert ist diesbezüglich, Ruhe bereits bei der Begrüßung einzufordern, auf evtl. Störungen frühzeitig zu reagieren, die eigenen Vorstellungen als Lehrer sowie bekannte Regeln klar zu kommunizieren usw. Eine umfangreichere Darstellung möglicher Ursachen von Unterrichtsstörungen, die bereits in der Anfangsphase des Unterrichts relevant werden können, findet sich bei Eberhard (2010). Die systematische Erfassung und Reflexion potenzieller Ursachen dient dabei als Ausgangspunkt von Situationsanalysen, um im nächsten Schritt begründete Maßnahmen zur Beseitigung und Minimierung von Störungen zu ergreifen. Dies betrifft sowohl die gestaltbaren Ebenen der eigenen Lehrerperson/-persönlichkeit als auch die Schüler und deren Beziehungen untereinander, die Lehrer-Schüler-Beziehung sowie systemische Faktoren, Rahmenbedingungen und den Unterricht. Zur Optimierung des Classroom-Managements im Fach Musik sei u. a. die Publikation von M. Grohé (2011) empfohlen.

Alltägliche Einstiege

Abgesehen von spielerischen, abwechslungsreichen, methodisch vielfältigen und aufwändigen Stundeneinstiegen gibt es ein bewährtes Repertoire einfacher und praktikabler Alltags-Unterrichtseinstiege, auf die eingangs kurz eingegangen werden soll. Sie haben durchaus ihre Berechtigung, nicht immer muss ein Motivationsfeuerwerk und innovatives „Edutainment" geboten werden, um Einstiegssituationen sinnvoll und zielführend zu gestalten. Vielmehr geht es im Sinne effektiver Lernzeit darum, mit Blick auf die Schüler, Rahmenbedingungen, Ziele und Inhalte der Stunde zügig und passgenau „zur Sache zu kommen". Gängige und alltägliche Methoden sind:

- **Unmittelbare Anknüpfung an das vorausgegangene Thema:** Die unmittelbare Anknüpfung bietet sich besonders bei Fortführungen musikpraktischer Art an, z. B.: „Ich

habe mich in der letzten Stunde sehr darüber gefreut, wie aufgeschlossen und begeistert ihr den Song … gesungen habt. Eure Motivation und euren Schwung möchte ich heute nochmals aufgreifen, um mit euch gemeinsam eine passende Songbegleitung mit Band- und Percussioninstrumenten zu erfinden. Bitte steht zunächst alle auf …"
In diesem Beispiel erfolgt der Stundenanschluss direkt, schülernah und motivierend mit Blick auf eine möglichst umfangreiche, effektive Lernzeit. Diese Form des unmittelbaren Einstiegs verzichtet auf eine darüber hinausgehende, möglicherweise gekünstelte Einstiegssituation und kann variantenreich erfolgen. Nicht gemeint ist damit ein häufig anzutreffender, jedoch kaum motivierender Einstieg à la: „In der letzten Stunde haben wir den Umgang mit Notenwerten geübt, heute wollen wir weitere Übungen zu den Notenwerten kennenlernen." Abgesehen von der rein sachbezogenen Information des Lehrers ignoriert dieser Einstieg bedeutsame Funktionen und Chancen von Unterrichtseinstiegen. Die fadenscheinige Formulierung „… wollen wir …" entspricht meist nur dem Wunsch des Lehrers und selten den Vorstellungen der Schüler, daher sollte sie generell vermieden werden. (Anmerkung: Der Ersatz des Wortes „wollen" durch „werden" vermeidet dieses Problem und verschafft Inhalts- und Zielklarheit.)

- **Medialer Impuls:** ein Hörbeispiel, ein Filmausschnitt, ein Videoclip, ein Bild, Plakat usw. wird mit einer Frage, einem Hörauftrag oder einem Betrachtungsimpuls des Lehrers verknüpft.
  Da die menschliche Wahrnehmung sehr unterschiedlich sein kann (vgl. die Wahrnehmungsunterschiede beim Betrachten eines sogenannten „Wimmelbildes"), ist ein vorausgehender, klarer Auftrag des Lehrers von zentraler Bedeutung im Hinblick auf die angestrebten Ziele. Würde etwa zum Einstieg ein Hörbeispiel ohne vorherigen, klaren Hörauftrag abgespielt werden (z. B. „Zum Einstieg möchte ich euch heute folgendes Musikstück vorspielen!"), um anschließend nach den formalen Bestandteilen des Musikstücks zu fragen, wäre vermutlich nur ein geringer Teil der Schüler – wenn überhaupt – dazu in der Lage. Vielmehr hätten einige auf den Klang der Stimme, auf die Instrumente, auf den Sound, auf die Melodie, auf den Rhythmus, auf Klangeffekte usw. geachtet, andere hätten sich schlicht berieseln lassen oder sich von einer bestimmten Stimmung und Wirkung lenken lassen. Bei einer audio-visuellen Darbietung ist das Fehlen eines Arbeitsauftrages entsprechend des Komplexitätsgrades des Dargebotenen umso schwerwiegender. Auch bei Bildbetrachtungen sind klare Arbeitsaufträge grundsätzlich sinnvoll.
- **Stummer Impuls:** Ein thematisch passendes Bild wird ohne Kommentar des Lehrers mittels Overheadprojekter oder Beamer projiziert, die Schüler äußern sich frei dazu. Im Gegensatz zur vorherigen Einstiegsvariante „Medialer Impuls" wird hier bewusst auf Lenkung verzichtet. Vielmehr wird freien Assoziationen und der Offenheit des Ergebnisses Raum gegeben. Dies motiviert mit der Methode vertraute Schüler, sich zu äußern, da es zunächst kein Richtig oder Falsch gibt. Außerdem werden die Schüler angehalten, sich selbst Gedanken zu machen und kreativ zu werden.
  Varianten: Ein Musikstück oder eine Filmszene wird vom Lehrer unkommentiert vorgespielt, ein Gegenstand wird präsentiert (z. B. ein Instrument, eine Landkarte, ein Metronom), eine Handlung wird ausgeführt (z. B. ein Lied wird zur Hinführung auf das Thema

„Tonarten/Vorzeichen“ verfremdet vorgespielt; ein Rhythmus wird vorgeklatscht, ein Ton/eine Melodie wird vorgesungen, die Schüler werden zur Imitation animiert) etc.

- **Wiederholung/Übung:** Die Wiederholung und Vertiefung spezifischer Fertigkeiten im Zusammenhang mit regelmäßiger Übung sind für Musiker selbstverständlich. So können rhythmische Grundmuster, eine Bodypercussion, eine Melodie, ein Text, ein Lied der Vorstunde usw. im Sinne zielgerichteter Übung und Vertiefung ohne weitere Hinführung als Ausgangspunkt der Stunde dienen.
- **Sammlung von Vorwissen:** Nicht selten haben die Schüler ein erstaunliches Vorwissen, gerade wenn es um aktuelle Themen der Populären Musik geht. Aber auch in anderen Bereichen haben die Schüler, etwa durch den Grundschulbesuch, Wissensbestände, z. B. zu Epochen, Musikerbiografien, musiktheoretischen Zusammenhängen usw. Dieses Vorwissen könnte zum Ausgangspunkt des weiteren Vorgehens in der jeweiligen Stunde werden oder an späterer Stelle der Unterrichtsstunde wieder aufgegriffen werden. Um das Vorwissen zu erfragen, bietet sich die Sammlung an der Tafel/auf Folie an, die Erstellung einer Mindmap (siehe S. 47), ein Lehrer-Schüler-Gespräch, ein Partnerinterview zwischen benachbarten Schülern, ein Quiz usw.
- **Lehrervortrag:** Der lehrerzentrierte Frontalunterricht gilt zu Unrecht als verpönt und veraltet. Er ist als Methode per se nicht schlechter oder besser als andere Methoden, entscheidend sind jedoch die Passung und Ausführung. Eine spannend und altersgemäß vorgetragene Geschichte, eine lustige Anekdote, eine aktuelle Mediennachricht oder schlicht ein informativer, adressatengerechter und lebendig präsentierter Sachverhalt können zielgerichtet, wirkungsvoll und motivierend auf eine Unterrichtsstunde hinlenken. Der Vortrag kann ggf. durch Bilder, Materialien oder auch durch eine Power-Point-Präsentation anschaulich illustriert werden.
- **Schüler-Einstiege:** Zwar wird dies eher selten praktiziert, aber auch Schüler können die Einstiegssituation gestalten, z. B. in Form eines vorbereiteten Rollenspiels, eines Vortragstextes, eines Musikstückes, eines vorbereiteten musikbezogenen Spiels, einer Präsentation, eines spontan vorgetragenen, vom Lehrer vorgegebenen Dialogs usw. Ein besonderer Vorteil dieser Einstiegsvariante ist die Reduktion der Lehreraktivität zugunsten der Schüleraktivität.
- **Hausaufgaben-/Leistungskontrollen:** Hausaufgaben- und Leistungskontrollen gehören nicht zwangsläufig zum Musikunterricht. Dennoch können auch sie alltägliche Unterrichtseinstiege darstellen. Im Gegensatz zur gängigen Vorstellung von Hausaufgaben als schriftliche Übungen können diese im Fach Musik vielfältig gestaltet sein und z. B. Recherchen, etwa zum aktuellen Musikmarkt, praktische Vorbereitungen (z. B. Bauteile für den Instrumentenbau besorgen/erstellen; eine Audio-Datei mit einer Open-Source-Software am Computer bearbeiten), musikalische Übungen (z. B. rhythmische Grundübungen für das Schlagzeugspiel, Stimmbildungsübungen, Bodypercussion), Materialsammlungen (Zeitschriften-, Fernseh- und Radiowerbung, Aktuelles zum Jubiläumsjahr eines Komponisten u. a.), die Beobachtung und Dokumentation eigener Hörgewohnheiten, Umfragen zum Musikgeschmack in Familie und Freundeskreis usw. umfassen.
  Neben den Hausaufgaben gibt es auch Leistungskontrollen wie z. B. die klassischen Ab-

fragen, die zur Bildung mündlicher Noten dienen. Als Einstieg reaktivieren sie das gelernte Wissen einzelner Schüler und der gesamten Klasse (z. B. zu einem Werk, einer Epoche, einem Musikstil). Alternativ können Leistungskontrollen zum Einstieg auch in Form von kurzen schriftlichen Tests, praktischen Aufgaben (z. B. eine Triole klatschen, einen Takt vervollständigen, Melodietöne bestimmen) oder als Hör- oder Transferaufgaben erfolgen (z. B. vorkommende Instrumente benennen, die dynamische Gestaltung beschreiben; zwei Opern miteinander vergleichen).

- **Rituale:** Gerade im Musikunterricht bietet sich der Einsatz von Ritualen an. Sie stehen für Regelmäßigkeit und strukturellen Halt und ermöglichen überdies die Vertiefung, z. B. von Melodien oder Rhythmen. Rituale können bereits beim „Guten Morgen!"-Gruß eingesetzt werden, etwa mit unten stehender, rhythmischer Gestaltung. Ähnlich wie die Begrüßung im Sprachunterricht fachspezifisch erfolgt, z. B. mit „Good morning" oder „Bonjour", bietet sich eine klanglich-rhythmische Begrüßung im Fach Musik an. So kann die Begrüßungsformel etwa auch mit kleinen, gesungenen Intervallen gestaltet werden, z. B. „Guten Morgen, liebe 6b" mit einer Durterz. Alternativ bieten sich kleine Kanons, Circle-Grooves, Sprechstücke, Bodypercussion oder Warm-ups an. Literaturhinweise mit Anregungen finden Sie im Anhang.

Einstiege zur Förderung von Wahrnehmung und Aufmerksamkeit

Nicht wenige Schüler haben heutzutage spürbare Wahrnehmungs- und Aufmerksamkeitsdefizite. Dies betrifft sowohl die Selbstwahrnehmung als auch die Fremdwahrnehmung. Im Folgenden werden daher einige exemplarische Unterrichtseinstiege zur Förderung von Wahrnehmung und Aufmerksamkeit vorgestellt.

1 Sich wahrnehmen / Körperliches Warm-up

- **Sich aufwärmen:** Ähnlich wie sich Musiker vor einem Auftritt warm spielen, um etwaige Verspannungen zu lockern, können die Schüler an den Musikunterricht praktisch herangeführt werden, im Speziellen, wenn die Unterrichtsstunde Musikpraxis beinhaltet. So bieten sich – je nach Stundeninhalt – ganzkörperliche Warm-ups wie Strecken, Dehnen, Abklopfen usw. an. Dabei kann zunächst der gesamte Körper aktiviert werden, bevor Arme und Finger oder der Stimm- und Atemapparat gezielte Zuwendung erfahren. Konkrete Vorschläge für ein derartiges Warm-up sind neben gängigen, leichten Gymnastikübungen der Literaturliste im Anhang zu entnehmen. Je nach Altersstufe lässt sich diese Phase auch in eine Geschichte packen, die die Schüler mit eigenen Bewegungsideen mitgestalten, z. B. Aufstehen am Morgen: „Stellt euch vor, ihr steht gerade aus dem Bett auf und streckt euch bis zur Decke. Zum Wachwerden schüttelt ihr die Arme und Beine aus. Um das zerknautschte Gesicht aufzuwecken, massiert ihr eure Gesichtsmuskeln und zieht Grimassen. Weil ihr die Mücke, die euch die ganze Nacht geärgert hat, fangen wollt, springt ihr 10-mal aus der Hocke in die Luft." usw.
- **Den Atem wahrnehmen:** Die Schüler atmen (Tipp: bei offenem Fenster!) 4 Schläge in ruhigem Tempo tief in das Zwerchfell ein. Der Atem fließt dabei gleichmäßig. Nun atmen die Schüler 4 Schläge lang ebenso gleichmäßig und hörbar durch den Mund aus. Dies wird

einige Male wiederholt. Nun verlängert sich das Ausatmen auf 5 Schläge, das Einatmen wird auf 3 Schläge verkürzt. Im Folgenden verlängert sich das Ausatmen auf 6, 7 und 8 Schläge, für das Einatmen bleiben nunmehr nur noch 2 Schläge, 1 Schlag bzw. „eine Achtel" Zeit. Diese Übung aktiviert das Zwerchfell, trainiert das Zeitgefühl und wirkt sich in der Regel beruhigend auf die Schüler aus.

2 Andere wahrnehmen / Fremdwahrnehmung

Sinnvoll erscheint es, die Schüler die unter 1) beschriebenen Übungen zunächst für sich machen zu lassen. Erst anschließend sollten sie den jeweiligen Nachbarn einbeziehen, indem ihm z. B. der Rücken leicht massiert oder abgeklopft wird, Dehnübungen und Klatschspiele mit einem Partner kombiniert werden usw. (die anfangs begonnene Geschichte könnte dementsprechend fortgesponnen werden). Dies kann neben den musikalisch intendierten Wirkungen auch die Stimmung und das Sozialverhalten in der Klasse positiv beeinflussen.
Da den Schülern in der Regel das Verhalten in einem musikalischen Ensemble unbekannt ist, bedarf es der Einführung und kontinuierlichen Übung bestimmter Verhaltensregeln sowie der Förderung der Fremdwahrnehmung. Neben den soeben skizzierten körperbezogenen Übungen können z. B. folgende Anregungen förderlich sein:

- **Blind durch den Raum führen:** Die Schüler führen je einen Partner, der die Augen verschlossen lässt, mittels eines vereinbarten Geräusches (z. B. Zungeschnalzen) durch den Raum, dabei können sie die Lautstärke des Geräusches oder den Abstand zum Partner verändern. Währenddessen wird nicht gesprochen. Anschließend tauschen die Partner ihre Rollen. Bei größeren Klassen empfiehlt es sich, die Klasse zu teilen: Ein Teil führt die Übung in der Raummitte aus (z. B. 8 Paare), die anderen sitzen im Kreis um die Raummitte und beobachten die Mitschüler. Anschließend werden die Gruppen getauscht. Bei dieser vertrauensbildenden Übung, die ein bewusstes, feines Hören fokussiert, weist der Lehrer zu Beginn darauf hin, dass das Vertrauen des Partners keinesfalls durch ein Anrempeln an Gegenstände oder Personen missbraucht werden darf. In der Regel gibt es nach jedem Durchgang ein großes Gesprächsbedürfnis, da die Erfahrung für die Schüler neu, ungewohnt und intensiv ist.
- **Hörspaziergang:** Zur Förderung einer feinsinnigen akustischen Wahrnehmung und als „Ohrenöffner" kann auch ein Hörspaziergang durchgeführt werden: Dazu verbindet ein Schüler seinem Partner die Augen (z. B. mit einem Taschentuch). Nun nimmt er diesen an der Hand und führt ihn durch das Klassenzimmer, die Aula, den Schulhof o. ä. Dabei wird nicht gesprochen. Der Geführte nimmt bewusst Geräusche wahr, die üblicherweise nicht ins Bewusstsein treten, z. B. Vogelgezwitscher, Straßenlärm, eine brummende Deckenlampe, verschiedene Geräuscheigenschaften des Fußbodens usw. Nach dem Hörspaziergang teilt er seine Sinneseindrücke und Erfahrungen mit und tauscht die Rolle mit seinem Partner. Im Plenum werden dann die Eindrücke nochmals gemeinsam besprochen.
- **Mit den Händen führen:** Die Partner stehen sich gegenüber, die Arme sind erhoben, sodass die Handinnenflächen zum Partner zeigen. Nun versuchen die Partner, gegenseitig ihre Hände durch die Luft zu führen, indem sich die rechte auf die linke Hand des Partners konzentriert und die linke Hand auf die rechte Hand. Die Partner führen kleine,

aber auch auch großräumige Bewegungen mit den Armen aus, dabei wird nicht gesprochen. Jede Richtungsänderung soll schnell und exakt erfasst und umgesetzt werden. Dabei wechseln die Schüler die Rollen zwischen Führendem und Geführtem oder folgen erklingender Musik. Anschließend tauschen sich die Partner über ihre Erfahrungen aus.

- **Fallen lassen:** Fünf bis sieben Schüler stehen Schulter an Schulter im Kreis. Ein Schüler geht in die Mitte, verschließt die Augen und lässt den Körper gespannt wie ein Brett. Nun lässt sich der Schüler nach vorn, hinten oder zur Seite fallen, wird dort von den Mitschülern aufgefangen und sachte in eine andere Richtung gestoßen. Diese vertrauensbildende Übung fördert das Sozialverhalten und bildet eine gute Grundlage für ein rücksichtsvolles und sensibles Musizieren in der Gruppe.

3 Den Raum wahrnehmen

Musiker müssen nicht nur sich selbst und andere, sondern auch den Raum bewusst wahrnehmen, da dieser entscheidenden Einfluss auf den Klang und das Wohlbefinden hat. Hierfür bietet sich folgende Übung an:

- **Entdeckungsreise:** Die Schüler laufen durch den freien Raum und vergegenwärtigen sich die Gegenstände im Raum, die Decke und den Fußboden, Wandelemente und Strukturen usw. Um die Wahrnehmung in einem zweiten Schritt noch stärker zu fokussieren, zeigen sie – bevor sie losgehen – mit dem Finger auf einen Zielpunkt (z. B. einen Lichtschalter). Dort gehen sie auf einer Geraden (keine Schlangenlinie, keine Kurve) zielstrebig hin, lassen kurz das Auge auf dem Zielpunkt ruhen und versuchen, diesen bewusst wahrzunehmen (z. B. drei Schalterelemente, Farbe weiß, leicht verdreckt), drehen dann den gesamten Körper wie ein Roboter, zeigen mit dem Finger auf einen neuen Zielpunkt (z. B. Schultasche) und gehen nun dorthin, um diese bewusst wahrzunehmen (Farbe, Größe, Muster, Besonderheiten). Nach einiger Zeit berichten die Schüler von ihren Eindrücken und Erfahrungen. Als Variation können z. B. das Tempo gesteigert, die Schüleranzahl variiert oder der Raum begrenzt bzw. erweitert werden.
- **Raumklang:** Jeder Schüler sucht sich einen Gegenstand im Raum, mit dem sich gut Geräusche und Klänge produzieren lassen, z. B. Mülleimer, Tafel, Stuhl, Buch, Lichtschalter, Fenstergriff, Heizkörper. Die Aufgabe besteht nun darin, das Geräusch-/Klangpotenzial des Raumes zu entdecken, indem die Schüler ihren Hörsinn ganz bewusst auf die Geräusche lenken, die sie sonst den ganzen Tag über nebenher begleiten. Aus der Stille heraus erzeugt nun jeder Schüler innerhalb von 30 Sekunden nur ein einziges Mal sein Geräusch. Eventuell ergibt sich eine lose oder dichte Geräuschcollage oder ein metrisches/rhythmisches Muster. Anschließend werden die Geräusche – beginnend mit dem leisesten – zu einer metrisch gebundenen Klangcollage (z. B. Maschine) kombiniert. In einem weiteren Durchgang können Gegenstände mit ähnlichen Materialeigenschaften kombiniert werden, z. B. alles aus Metall, alles aus Plastik, alles aus Holz. Weitere Gruppierungsmöglichkeiten wären Jungen – Mädchen, Blonde – Dunkelhaarige, Blue-Jeans-Träger – sonstige Hosen und Röcke … Variiert werden kann auch die Häufigkeit des eigenen Geräusches, z. B. jeder darf 3-mal spielen, jeder darf so oft und so lange spielen, wie er möchte usw.

Auditive Zugänge zu Musik

Klasse	5–10
Stundenthema	Wirkungen von Musik, Einstieg in musikalische Epochen, Werkhören
Vorbereitung	Hörbeispiel, Papier, evtl. Chiffon-Tücher, Tanz-/Turnbänder
Besonderer Nutzen	Aktives, wertungsfreies Musikhören, das die eigene Vorstellungskraft und ein bewusstes Musikhören anregt.

Möglicher Ablauf

- Die Schüler hören zu Beginn der Stunde Musik.
- Emotionales Hören: Die Schüler achten beim Musikhören bewusst auf die Stimmungen und Gefühle, die das Musikstück in ihnen weckt (z. B. Freude, Trauer, Melancholie, Aggression, kein spezifisches Gefühl). Zum Musikhören dürfen sich die Schüler eine bequeme Sitzposition aussuchen, je nach Klasse und örtlicher Gegebenheit z. B. auch mit einem Sitzkissen im Raum verteilt. Anschließend tauschen sich die Schüler über ihre Empfindungen ohne Kommentare und Bewertungen aus.
- Assoziierendes Hören: Anstelle eines gezielten Hörauftrages lautet die Aufgabe schlicht, die Musik wirken zu lassen und auf einem Stück Papier festzuhalten, welche Assoziationen den Schülern spontan zur Musik einfallen. Die Notizen können Begriffe und Zeichnungen/Visualisierungen umfassen. Auch spontane Bewegungen, z. B. in der Art eines Dirigats mit den Händen in der Luft oder mit Chiffon-Tüchern, sowie Veränderungen der Körperhaltung können mit der Musik asoziiert und entsprechend dargestellt werden (siehe S. 21). Anschließend werden die unterschiedlichen Wahrnehmungen im Plenum vorgestellt und besprochen. Die Ergebnispräsentation verdeutlicht die unterschiedliche Wirkung der Musik auf die Schüler.
- Sensomotorisches Hören: Auch spontane Bewegungen, z. B. in der Art eines Dirigats mit den Händen in der Luft oder mit Chiffon-Tüchern bzw. Gymnastik-Bändern sowie Veränderungen der Körperhaltung können mit der Musik assoziiert und entsprechend dargestellt werden. Zur Aktivierung eignen sich auch Hörpartituren, die mit Stiften oder Gegenständen erstellt werden. Der Vorteil von Gegenständen (z. B. kleine Steine) besteht darin, dass sich deren Positionen im Gegensatz zu einem statischen Bild nachträglich verändern lassen.
- Ein weiterer, spezifischer Hörauftrag im Sinne analytischen Hörens kann sich nun anschließen, z. B.: „Achtet beim nochmaligen Hören auf die verwendeten Instrumente und den Einsatz der Stimme (Rap, Gesang, ein-/mehrstimmig …)."

Tipp	▪ Regel: Während die Musik erklingt, wird nicht gesprochen.
Varianten	▪ Zahlreiche weitere Varianten vorwiegend auditiver Zugänge sind denkbar, z.B. ein Hörpuzzle, bei dem die Schüler Notenschnipsel gemäß dem Gehörten richtig anordnen müssen, "Auffälligkeitssammlungen", bei denen die Schüler passende Begriffe zum Gehörten zuordnen oder selbst finden müssen, das Entwickeln von Tanz und Bewegungsformen bis hin zu szenischem Spiel etc. Unterschiedliche Hörbeispiele lassen sich z.B. verschiedenen Bildkarten oder Gegenständen zuordnen, ein Teil eines Werkes wird mitmusiziert ("Teilrealisation") oder in ähnlicher Weise musiziert ("Parakomposition").

Expertenhören

Klasse	5–10
Stundenthema	Über einen Song, ein Lied, ein Werk sprechen
Vorbereitung	Hörbeispiel (z. B. Song „Aicha" der Gruppe Outlandish); Höraufträge auf Folie; evtl. Liedtextvorlage, evtl. für Gruppeneinteilung bunte Karten/Zahlenkarten/Kartenspiel
Besonderer Nutzen	Differenzierte Höraufgaben

Möglicher Ablauf

- Die Schüler erhalten zu Beginn eine farbige Karte (Alternative 1: eine Zahlenkarte, eine Karte aus einem Kartenspiel; Alternative 2: keine Karten, es wird durchgezählt).
- Die Schüler, die derselben Gruppe angehören (z. B. alle mit der Farbe Grün, der Zahl 3, dem König aus dem Kartenspiel) müssen denselben Hörauftrag bewältigen.
- Die Höraufträge werden vom Lehrer auf Folie projiziert, z. B.:
  - Gruppe 1: Achtet auf die verwendeten Instrumente und macht euch Notizen.
  - Gruppe 2: Richtet eure Aufmerksamkeit auf die Form (Einleitung, Refrain, Strophe, Bridge, Intro, Outro) und notiert die richtige Abfolge. Je nach Leistungsstand müssen bzw. können hier Begriffe exakt oder mit zusätzlichen, falschen Lösungen vorgegeben werden.
  - Gruppe 3: Zählt die Takte mit Strichen auf einem Papier und bildet dabei sinnvolle Abschnitte.
  - Gruppe 4: Notiert Besonderheiten der Klanggestaltung (z. B. Dynamik, Effekte, überraschende Klänge/Sounds/Arrangementveränderungen).
  - Gruppe 5: Achtet auf den Text! Von welchem Thema handelt er? Notiert euch passende Textstellen.
  - Gruppe 6: Findet mehrere passende Adjektive für das Musikstück.
- Anschließend werden die Erkenntnisse der jeweiligen Gruppen zusammengetragen (z. B. auf Folie, an der Tafel) und bei einem nochmaligen Hördurchgang verglichen (die Taktzahlen verdeutlichen zusätzlich die Länge der jeweiligen Formteile).

Tipp	▪ Hilfreich ist eine nach Formteilen untergliederte Liedtextvorlage.
Varianten	▪ Die Schüler werden in drei Gruppen mit je einem Hörauftrag eingeteilt. Bei einem zweiten Hördurchgang wechseln die Aufgaben, ebenso bei einem dritten, sodass die Schüler mehrere Höraufträge erfüllen müssen. ▪ Im Fortgang oder zum Stundenschluss kann die Cover-Version von Outlandish mit dem Original von Cheb Khaled verglichen werden. Weiterführende Arbeitsaufträge zu diesem Song finden sich unter: Eberhard, D. M. (2004): Aicha – von Rai bis Hip-Hop. Interkultureller Projektunterricht am Beispiel eines aktuellen Popsongs. In: mip-Journal 10. p. 40-47.

Werbung für die Stunde

Klasse	7–10
Stundenthema	Beliebig (die Schüler sollten jedoch über etwas Vorwissen verfügen); im Besonderen geeignet ist das Thema „Musik und Werbung"
Vorbereitung	Hörbeispiel, Dauer ca. 30 Sekunden
Besonderer Nutzen	Gezielter Musikeinsatz, bewusstes Zuhören und Gestalten

Möglicher Ablauf

- Zu Beginn präsentiert der Lehrer (entgegen üblicher Praxis) in Form einer Zielangabe das Stundenthema, z. B.: „Heute werden wir uns nochmals mit dem 1. Satz der 5. Sinfonie von L. v. Beethoven beschäftigen." oder „In der heutigen Stunde werdet ihr einige Komponisten der Romantik kennenlernen." oder „Heute setzen wir uns mit einer der populärsten Jugendkulturen unserer Zeit auseinander: HipHop."
- Die Erläuterung des Stundenthemas und der -gestaltung kann noch um ein bis zwei weitere Sätze ergänzt werden.
- Die Schüler haben nun die Aufgabe, zu einem passenden Hörbeispiel einen kurzen Werbetext für die Unterrichtsstunde im Stil einer Rundfunk-Werbung zu verfassen. Die Zielgruppe sind Jugendliche. Dabei soll die Musik gezielt eingesetzt werden, z. B. achten die Schüler auf besondere musikalische Momente und darauf, wie die Musik am Anfang und am Schluss ihre Wirkung am besten entfalten kann.
- Beispiel (Musik aus dem 1. Satz der 5. Sinfonie von L. v. Beethoven erklingt): *„Da ist es wieder – das Schicksal … Unerbittlich klopft es an die Tür … Beinahe so wie der Schulgong jeden Tag … Doch heute wird es spannend: Was hat es mit dem eigenartigen Klopfmotiv auf sich? Stimmen die eigenartigen Geschichten, die sich um die Entstehung der Sinfonie ranken? Ist das alles nur Fantasie und Starkult? … Heute wird das Geheimnis gelüftet. Bleiben Sie dran und verpassen Sie keinesfalls die Fortsetzung! … Tock, tock, tock."*

Tipp	Die Musik kann den Schülern vorab, z. B. über einen Link, zur Verfügung gestellt werden.
Variante	Der Einstieg kann als Hausaufgabe vorbereitet werden.

Fantasie- und Zeitreise

Klasse	5–10
Stundenthema	Musikgeschichte; Wirkung von Musik
Vorbereitung	Hörbeispiel (ruhige, meditative Musik); vorbereiteter (oder improvisierter) Text zu einer Fantasiereise, hier: Textvortrag durch zwei Schüler
Besonderer Nutzen	Emotionale Einstimmung in ein Thema; Beruhigung

Möglicher Ablauf

- Die Fantasiereise bietet sich an, um die Schüler emotional auf das Fach und das Thema einzustimmen. Einerseits kann damit erreicht werden, dass die Schüler, etwa nach einer anstrengenden Schulaufgabe oder einer aufgeheizten Sportstunde, zur Ruhe kommen und etwas erleben, für das der Schulalltag sonst wenig Raum bietet. Andererseits können Fantasiereisen gezielt eingesetzt werden, um in eine bestimmte Zeit einzutauchen (im Beispiel: die Epoche des Barock, eingeführt durch zwei Schüler) und um entspannende Wirkungen von Musik zu erfahren.
- Die Schüler suchen sich eine entspannte Sitzhaltung, legen z. B. den Kopf in die Arme, oder sitzen frei verteilt im Klassenzimmer am Boden, die Augen sind geschlossen. Nach einer kurzen Aufwärmphase, in der die Wahrnehmung auf den eigenen Körper gelenkt wird, beginnt die Zeitreise (siehe Material).
- Anschließend können die Schüler noch selbst ein bis zwei Minuten zur Musik in der jeweiligen Zeit bleiben und kehren schließlich auf Ansage des Lehrers langsam wieder in die Gegenwart zurück, die Musik spielt noch etwas weiter.
- Der Fantasiereise können sich Fragen anschließen, wie den Schülern die Reise gefallen hat, was sie sonst noch erlebt haben, was ihnen in besonderer Erinnerung geblieben ist.
- Danach lässt sich das Thema weiterentwickeln.

Material

[Die „Eurovisionsmelodie“ erklingt]

Schüler 1 (S1): Warte mal, die Melodie kenn ich doch …?!

S2: Ja, das ist die Eurovisionsmelodie.

S1: Häh, die was??? Wo kommt die eigentlich her? Wurde die für das Fernsehen geschrieben?

S2: Nö, die ist sogar schon ziemlich alt. Dazu müssten wir eigentlich eine Zeitreise unternehmen. Ich hab da mal was darüber gelesen.

S1: Erzähl mal!

S2: Na, ja, die Reise führt uns erst einmal ca. 400 Jahre zurück, in die Zeit zwischen 1600 und 1750. Man kann sich die Lebensumstände damals kaum vorstellen. Damals gab es weder Zeitungen noch elektrischen Strom, geschweige denn Internet, Telefon, Fernseher oder sonstige Kommunikationsmittel, keine geteerten Straßen, keine Krankenversicherung, keine Autos …

S1: Mmmh, wie haben die Menschen wohl damals gelebt? Wie sahen die Menschen und Gebäude wohl aus? Was hat die Menschen beschäftigt und hat das überhaupt noch etwas mit uns heute zu tun? Klang die Musik immer wie die „Eurovisionsmelodie"? Und falls ja, wieso klingt die Musik so? Ohne die Musik damals gäbe es wohl heute auch keinen Popsong, keinen Hip-Hop, keinen Punk oder Heavy Metal?

S2: Nein, garantiert nicht. Man kann es sich kaum vorstellen, aber damals lebten in einer heutigen 2-Zimmerwohnung 6 bis 10 Personen, manchmal sogar noch das Vieh. Mit dem Baden war es auch so eine Sache … Ich habe mal gelesen: In eine heutige Badewanne passen ca. 150 bis 200 Liter Wasser, für ein lauwarmes Bad braucht man etwa 35 Liter kochendes Wasser. Damals musste das Wasser erst einmal von einem Brunnen geholt und in Portionen von ca. 15 Litern über einem Holzfeuer erhitzt werden. So konnten nur wenige Menschen ein regelmäßiges Bad nehmen.

S1: Stimmt, habe ich auch mal gehört. Im 17. und 18. Jahrhundert galt das Waschen sogar als schädlich, da es die Haut aufweicht und Krankheitserreger so angeblich leichter in den Körper gelangen. Wer es sich leisten konnte, rieb sich stattdessen mit sauberen, parfümierten Tüchern ab, wechselte häufiger die Kleider und frisierte die Haare mit parfümierten Pudern. Sauber war, wer ordentliche Wäsche und weiße Hemden trug und dazu gut duftete – so ähnlich wie heute.

S2: Ja, eigentlich schon. Da es kaum Toiletten gab und diese meist nur aus Bretterbuden über einem Misthaufen bestanden, haben die Menschen ihren Kot und Urin einfach aus dem Fenster in die engen Gassen der Städte gekippt. Igitt, wenn ich mir das vorstelle … Der Regen spülte den Dreck dann irgendwann zusammen mit den Metzgereiabfällen aus der Stadt.

S1: Ja, oft wurde der Gestank durch andere Gerüche überlagert, z. B. vom Holzrauch aus den Küchen der Häuser oder vom Vieh, das z. T. im Wohngebäude untergebracht war. Irgendwann hat sich die Nase dann daran gewöhnt. Heute ist das unvorstellbar …

S2: Kein Wunder, dass die Pest immer wieder aufflammte. Der „Schwarze Tod" forderte sehr viele Menschenleben. Auch Kriege wie z.B. der Dreißigjährige Krieg, Hunger und Armut machten das Leben schwer. Die Bevölkerung war drei Jahrzehnte mit dem Tod konfrontiert. Wie hoffnungslos müssen die Menschen damals wohl gewesen sein, wenn ein Krieg so lange dauert wie ein damaliges Menschenleben … Die katholische Kirche strengte sich an, die immer mehr werdenden Protestanten wiederzugewinnen, es entstanden beeindruckende Schlösser mit riesigen Gartenanlagen wie in Versailles und in der Literatur wurde häufig die Vergänglichkeit aller Dinge und der Tod thematisiert. So hat das zumindest der Deutschlehrer behauptet.
Die Musik dieser Zeit spiegelte das Leben wider, z. B. klingt die Eurovisionsmelodie doch festlich und nach Macht, Glanz und Gloria. Mit großen Chören und Orchesterbesetzungen stellte man dies musikalisch zur Schau. Es gab aber auch Widersprüche, Spannungen und Gegensätze, diese wurden z. B. mit Dur und Moll ausgedrückt. Es entstanden die erste Oper, verschiedene musikalische Formen wie z. B. die Fuge sowie viele Instrumente und Kompositionen, denen man auch heute noch begegnet. Besonders tragisch war das mit den Kastraten: Durch die Kastration behielten sie auch im Alter ihre Knabenstimme und waren durch ihre „übernatürlichen" Stimmen heiß begehrt. Georg Friedrich Händel weigerte sich, mit diesen frühen Superstars zusammenzuarbeiten. Johann Sebastian Bach und Antonio Vivaldi gehören übrigens auch zu den berühmtesten Komponisten dieser Zeit.

S1: Ahh, jetzt klingelts. Wie heißt gleich nochmals diese Epoche? Das hatten wir, glaub ich, schon mal in der Schule.

S2: Ein Tipp: Die Bezeichnung klingt so ähnlich wie „Rockmusik" …?

Musikurteile bilden

Klasse	5–10
Stundenthema	Musikgeschmack, Klassenhitparade, über einen Song, ein Lied, ein Werk sprechen
Vorbereitung	Hörbeispiele unterschiedlicher Stilrichtungen (z. B. Volkstümliche Musik, Schlager, Heavy Metal, Pop, Reggae, HipHop, Barockmusik, Oper, Musical …), leere Tafel oder Overheadfolie
Besonderer Nutzen	Förderung von Toleranz im Umgang mit verschiedenen Musikpräferenzen, Entwicklung eines differenzierten Sprachurteils; durch die körperliche Positionierung im Raum lernen die Schüler, für ihre Meinung „gerade zu stehen" und diese zu vertreten

Möglicher Ablauf

- Die Schüler hören verschiedene Arten von Musik und positionieren sich an vereinbarten Orten im Klassenzimmer, die für die Urteile „Gefällt mir“ bzw. „Gefällt mir nicht“ stehen (z. B. Raumhälften).
- Die Antworten der Schüler auf die Frage des Lehrers, weshalb diese Entscheidung getroffen wurde, notiert der Lehrer oder ein Mitschüler stichpunktartig an der Tafel, z. B. (fettgedruckt) „mag den **Sound“**, „der **Rhythmus** gefällt mir“, „mag die **Lautstärke** nicht“, „die **Aggressivität** nervt“, „das hört doch meine Oma (Stichwort: **Abgrenzung**)“, „**entspannt** mich“, „stehe auf **verzerrte E-Gitarre“**, „finde **Rap** cool“, „mag den **Künstler“**, „die **Art des Singens** ist schrecklich“ usw.
- Die Differenzierung des Urteils kann anschließend verfeinert werden: z. B. werden Bereiche des Klassenzimmers mit den Urteilen „Gefällt mir sehr gut“, „Gefällt mir“, „Mag ich nicht so sehr“, „Gefällt mir überhaupt nicht“ oder auch „Weiß nicht“ assoziiert.
- Nach der Positionierung zu weiteren Hörbeispielen und der individuellen Begründung werden die an der Tafel gesammelten Begründungsaspekte kategorisiert, z. B. „wegen des Stimmklangs“ (Kategorie: Sound), „wegen des Künstlers“ (Kategorie: außermusikalische Faktoren), „wegen der Lautstärke, des Tempos, der verwendeten Instrumente usw.“ (Kategorie: musikalische Merkmale).
- Anschließend wird die entstandene Übersicht gemeinsam mit den Schülern besprochen und kann ins Musikheft übertragen werden.
- Die systematisierte Sammlung liefert den Fundus für ein differenzierteres Urteil über Musik. In den Folgestunden wird das sprachlich differenzierte Musikurteil weiter eingefordert und geübt.

Tipp	▪ Die gefundenen Kategorien bleiben im Klassenzimmer, z. B. auf einem Plakat, präsent, sodass Lehrer und Schüler an entsprechender Stelle darauf zurückgreifen können.
Variante	▪ Das Klassenzimmer wird mithilfe einer Linie, eines Mikrokabels oder einer Schnur in zwei Hälften geteilt.

Musikgeschmack und Zielgruppen

Klasse	5–10
Stundenthema	Musikgeschmack, Klassenhitparade, über einen Song, ein Lied, einen Künstler, ein Werk sprechen, Musik und Werbung
Vorbereitung	Hörbeispiel(e)
Besonderer Nutzen	Förderung von Toleranz und Empathie im Umgang mit verschiedenen Musikpräferenzen, Entwicklung eines differenzierten Sprachurteils

Möglicher Ablauf

- Die Schüler werden zu Beginn der Stunde mittels Wortkarten, Zahlen, Farben usw. bestimmten Zielgruppen zugeordnet, z. B. außermusikalisch: Kinder, Senioren, Hausfrauen, Banker, Bauarbeiter oder nach musikalischen Gesichtspunkten: Rocker, Pop-Fans, HipHopper, Metaller, Klassik-Liebhaber, Volksmusiker, Tänzer usw.
- Nun werden die Schüler mit einem Hörbeispiel konfrontiert.
- Während des Anhörens sollen sie sich musikbezogene Argumente überlegen, inwiefern die Musik zu ihrer Zielgruppe passt oder nicht. Nach ein- oder mehrmaligem Anhören wird auf der Ebene des „Sachurteils" (und nicht des reinen Geschmacksurteils!) erörtert, aus welchen Gründen die Musik für bestimmte Zielgruppen (un-)geeignet ist.
- Das Gespräch über die Zielgruppe(n) dient als Ausgangspunkt für die weitere Stunde.
- Die Erkenntnis, dass die jeweilige Musik für eine bestimmte Zeit, unter bestimmten Bedingungen und für bestimmte Menschen gemacht wurde, lässt Geschmacksfragen in den Hintergrund treten.

Tipps	▪ Anstelle eines Hörbeispiels können mehrere Hörbeispiele vorgestellt werden. ▪ Die Überlegungen können einer Klassenhitparade vorausgehen. Im Rahmen der Klassencharts erkennen die Schüler, dass „ihre" Musik zwar vorwiegend für die Zielgruppe der Jugendlichen gestaltet wurde, jedoch auch diese Zielgruppe äußerst heterogen ist.
Varianten	▪ Nach dem Hördurchgang treffen sich die Schüler in ihren Zielgruppen, tauschen ihre Argumente aus und stellen diese als Gruppe vor. ▪ Die Schüler „verteidigen" als Werbefachleute die Zuordnung des Musikstücks zu ihrer Zielgruppe und tragen Argumente vor, weshalb es für sie besonders geeignet ist.

Melodieverläufe mitzeichnen, mitzeigen und legen lassen

Klasse	5–10
Stundenthema	Lied- oder Werkeinstudierung, Hinführung zu „Neuer Musik", „Jazz" oder anderen Musikgenres; Einführung der Notenschrift
Vorbereitung	Hörbeispiel, Live-Vortrag
Besonderer Nutzen	Förderung bewussten, aktiven Musikhörens; Lied- und Werkerarbeitung über analytisches Hören anstelle von imitatorischem Lernen („Vormachen – Nachmachen")

Möglicher Ablauf

- Die Schüler hören zu Beginn der Stunde Musik.
- **Mitzeichnen:** Auf einem leeren Bogen Papier zeichnen sie den gehörten Melodie- oder Spannungsverlauf ohne weitere Vorgabe mit einem Stift auf.
- In einem zweiten Hördurchgang tauschen die Sitznachbarn ihre Blätter aus und vergleichen das Gesehene mit dem Gehörten.
- Anschließend tauschen sich die Schüler untereinander sowie im Plenum über ihre Eindrücke aus.
- **Mitzeigen:** Die Schüler zeichnen den Melodieverlauf während des Musikhörens mit dem Finger in der Luft mit. Dabei müssen sie sehr schnell auf das Gehörte reagieren. Das Mitzeigen kann auch mit dem ganzen Körper erfolgen, indem sich die Schüler bücken, strecken, in die Knie gehen usw.
- **Legen:** Die Schüler legen das Gehörte mit kleinen Alltagsgegenständen, z. B. Steinen, auf ein Blatt Papier im Sinne einer flexiblen Hörpartitur. Der Vorteil der Steine ist, dass der Verlauf, etwa beim nochmaligen Hören, verändert werden kann oder dass die Schüler ihren Platz wechseln und an der Hörpartitur eines Mitschülers Veränderungen vornehmen können. Die gelegten Bilder werden anschließend verglichen.

Tipp	Regel: Während die Musik erklingt, wird nicht gesprochen.
Variante	Die Schüler sitzen zu viert um ein DIN-A3-Blatt (oder größer) und zeichnen jeweils von den Ecken aus zur Mitte hin den Melodieverlauf mit, bis sie sich in der Mitte treffen. Anschließend vergleichen sie ihre Darstellungen.

Casting Show

Klasse	5–10
Stundenthema	Musikurteil
Vorbereitung	Mitgebrachte Hörbeispiele von Schülern; Papier
Besonderer Nutzen	Förderung bewussten, aktiven Musikhörens sowie sprachlich-differenzierten Urteilsvermögens

Möglicher Ablauf

› Die Schüler der Klasse spielen Juroren einer Castingshow und beurteilen die Musik-Titel, die die Mitschüler mitgebracht haben.

› Der Lehrer fungiert hierbei als DJ, sodass den Schülern möglichst unbekannt bleibt, von wem das jeweilige Hörbeispiel ist.

› Bei einem ersten Bewertungsdurchgang machen sich die Schüler Notizen zu ihren Eindrücken. Außerdem vergeben sie Schulnoten von 1 bis 6 für das vorgestellte Musikstück.

› Anschließend tauschen sich die Schüler über ihre Meinungen, Beurteilungen und Argumente aus und versuchen, ihr Urteil sachlich zu begründen.

Tipps

- Während die Musik erklingt, wird nicht gesprochen.
- Um die Beurteilungsfaktoren möglichst offen zu halten, kann zwar eine Vorbesprechung von Kriterien erfolgen (z. B. Gesamtsound, Künstler/Band/Interpret, Lautstärke, verwendete Instrumente, Textaussage, Art des Singens und Spielens, Effekte etc.), auf eine Vorstrukturierung oder einen Beurteilungsbogen sollte jedoch verzichtet werden, um die Schüler nicht zu stark einzuengen.
- Dieser Einstieg lässt sich über mehrere Stunden einsetzen, sodass die Schüler Beurteilungskompetenz und kritische Medienkompetenz entwickeln und trainieren können.

Instrumente erraten

Klasse	5–7
Stundenthema	Instrumentenkunde; Latin-Percussion
Vorbereitung	Verschiedene Orff- und Percussioninstrumente
Besonderer Nutzen	Auditive Sensibilisierung

Möglicher Ablauf

- Vor Beginn der Stunde werden auf einem Tisch verschiedene Instrumente, die alle Schüler spielen können (z. B. Orff-, Percussioninstrumente, nicht: Posaune, Violine o. ä.), ausgelegt.
- Die Schüler sitzen am Platz oder im Stuhlkreis und schließen die Augen.
- Der Lehrer tippt einen Schüler an, der die Augen öffnen darf und eines der Instrumente anspielt.
- Die übrigen Schüler müssen dieses nun anhand des Klanges erkennen.
- Wenn der Lehrer den Satz beginnt: „Das Instrument, das der/die … spielt, heißt: …", antworten alle Schüler mit ihrer jeweiligen Vermutung, z. B. „Claves". In der Regel wird sich ein Großteil einig sein, sodass fehlerhafte Antworten überstimmt werden.
- Bevor die Schüler die Augen wieder öffnen und ihren Höreindruck mit ihrem Tipp vergleichen, wird das Instrument ein weiteres Mal gespielt.
- Anschließend wird das Rätsel durch einen weiteren Schüler, der das Instrument auswählt und anspielt, gelöst und eine neue Raterunde beginnt. Hier sollte die Lehrkraft auf die korrekte Spielweise achten und ggf. korrigierend eingreifen.

Tipp	▪ Das Spiel kann Ausgangspunkt für einen Latin-Percussion-Groove mit der gesamten Klasse sein, bei dem die Instrumente zunächst isoliert und differenziert eingeführt werden.

Jugend debattiert

Klasse	7–10
Stundenthema	Beurteilung von Musik; Umgang mit Populärer Musik; soziologische Fragestellungen; Meta-Reflexion des Musikunterrichts
Vorbereitung	Thesen, Fragestellungen, Diskussionsgrundlagen
Besonderer Nutzen	Förderung sprachlich-differenzierten Ausdrucksvermögens und kritischen Denkens; Meinungsbildung und fachliche Argumentation

Möglicher Ablauf

- Die Klasse wird in zwei Hälften geteilt. Die eine Hälfte steht für „Pro"-, die andere für „Kontra"-Argumente.
- Ausgangspunkt der folgenden Debatte sind polarisierende, diskussionswürdige Aussagen/Thesen des Lehrers, z. B. „Gut ist, dass Musik heutzutage immer und überall verfügbar ist.", „Im Musikunterricht soll nicht nur Popmusik, sondern auch klassische Musik thematisiert werden.", „HipHop ist eine Musikrichtung für jedermann."
- Die Schüler tauschen nun ihre jeweiligen Argumente aus, der Lehrer moderiert gegebenenfalls oder stellt Rückfragen wie ein Moderator.
- Aus den Diskussionen wird deutlich, wie die Schüler der Fragestellung gegenüberstehen, welches Vorwissen, welche Meinungen und Einstellungen sie dazu haben und wie kontrovers verschiedene gesellschaftliche und musikalische Themen verhandelt werden können.
- Eine Zusammenfassung der Positionen durch den Lehrer ergibt ein Gesamtbild, das Ausgangspunkt für den weiteren Unterricht sein kann.

Varianten	
	▪ Die Schüler erhalten ein bis zwei Minuten Zeit, um die Aussage zu reflektieren und um Argumente zu sammeln. ▪ Die Argumente werden auf Zettel geschrieben und an der Tafel befestigt. Die Gruppe mit den überzeugendsten Argumenten hat gewonnen.

Storytelling

Klasse	5–10
Stundenthema	Komponistenbiografien; Musikstile; musikalisches Grundwissen; themenspezifisches Wissen
Vorbereitung	—
Besonderer Nutzen	Förderung von Kreativität; Reaktivierung von Vorwissen; Stärkung von Gemeinschaft; Aktivierung aller Schüler

Möglicher Ablauf

- Die Schüler erhalten die Aufgabe, kollektiv einen musikalischen/musikbezogenen Sachverhalt zu verbalisieren (z. B. wird die Biografie eines Künstlers nacherzählt, Wissenswertes zu einem musikalischen Stil oder Werk rekapituliert, ein Mechanismus der Musikindustrie dargestellt usw.).
- Die Besonderheit ist, dass jeder Schüler nur ein Wort sagen darf. Somit ist jeder Schüler angehalten, den Vorrednern gut zuzuhören, selbst ein sinnstiftendes Wort zu finden und dem Fortgang gespannt zu lauschen.
- Als Hilfestellung kann der Lehrer den ersten Impuls vorgeben, z. B. „Leopold Mozart …“. Schüler 1 führt den Satz nun mit dem Wort „hatte“ fort, Schüler 2 mit dem Wort „einen“, Schüler 3 mit „Sohn“, Schüler 4 mit „namens“, Schüler 5 „Wolfgang Amadeus“ usw.
- Dabei müssen die Schüler spontan auf die eingesetzten Wörter ihrer Vorredner reagieren und semantisch erschließen, was auf die genannten Wörter sinnvoll folgt.
- In der Regel geht dieser Einstieg mit Humor und Überraschungen einher, was dem Stundeneinstieg eine besondere Vitalität verleiht.

Variante	▪ Anstelle eines einzelnen Wortes darf jeder Schüler einen ganzen Satz formulieren.

Clustern

Klasse	5–10
Stundenthema	Beliebig
Vorbereitung	Karten/Zettel
Besonderer Nutzen	Fragehaltung und Vorwissen bei den Schülern aktivieren

Möglicher Ablauf

- Am sinnvollsten ist es, für den folgenden Einstieg einen Stuhlkreis zu bilden, jedoch ist auch eine andere Sitzordnung denkbar (s. Varianten).
- Die Schüler werden zum Stundenbeginn mit einem Thema konfrontiert, z. B.: „Die Stimme".
- Nun erhalten die Schüler Karten/Zettel, auf denen sie Oberbegriffe finden (siehe Material) und weitere leere Karten, auf denen sie Fragen und Ideen zum Thema formulieren sollen, z. B.: Stimmbruch, Opernstimme, Kastrat, Kehlkopf, Singen wie Beyoncé, Obertongesang, Kehlkopfgesang, Stimmschaden, Schreien und flüstern, Scat-Gesang, Was passiert bei Heiserkeit?, Wie schützen Sänger ihre Stimme?, Was macht den Unterschied zwischen Sprechen und Singen aus?, Was kann man mit der Stimme alles machen?, Warum singen manche so falsch?, Was ist eigentlich Belting?, Wieso klingt Louis Armstrong so eigenartig?, Wie lernt man richtig singen?, Warum klingen Männerstimmen anders als Frauenstimmen? usw.
- Anschließend werden die Karten/Zettel mit den Oberbegriffen auf den Boden in die Mitte des Stuhlkreises gelegt und die Karten mit den Fragen und Ideen entsprechend zugeordnet. Falls Oberbegriffe fehlen, können noch entsprechende Karten erstellt werden.
- Im Anschluss werden die verschiedenen Aspekte des Themas mit den Schülern besprochen sowie Erwartungen und Fragen geklärt. Dabei kann im Sinne schülerorientierten Unterrichts gemeinsam mit den Schülern ein Plan für die nächsten Unterrichtsstunden entwickelt werden, z. B. Training der Singstimme zu Beginn jeder Unterrichtsstunde, 1. Themenblock: Organisches/Aufbau des Sing- und Sprechapparates, Resonanzräume, physiologische Vorgänge beim Singen und Sprechen, 2. Themenblock: Klangvarianten von Sing- und Sprechstimme, besondere Arten des Singens, 3. Themenblock: Stimme in der klassischen Musik und in der Pop-/Rockmusik, 4. Erkrankungen und Stimmpflege.

Varianten

- Anstelle des Stuhlkreises ist z. B. auch eine Sitzordnung in Stuhl-/Tischreihen denkbar. Die Schüler könnten ihre Gedanken auf Klebe-Notizzetteln festhalten und diese anschließend an die Tafel heften. Dort werden sie gemeinsam geordnet und durch Überschriften kategorisiert.
- Alternativ kann der Lehrer auch vorbereitete Wortkarten bzw. Karten mit Fragestellungen zur Verfügung stellen. Die Aufgabe der Schüler besteht dann darin, die Karten zu systematisieren und zu kategorisieren. Auch nicht zum Thema passende Karten können dazugemischt werden.

Material

Organisches	Stimmklang
Singen lernen	Arten des Singens
Erkrankungen der Stimme	Stimmpflege

Vorwissen sammeln

Klasse	7–10
Stundenthema	Musikgeschichte; Künstler/Bands; diverse Themen
Vorbereitung	Plakate mit Impulswörtern oder Fragen; evtl. dicke Filzstifte
Besonderer Nutzen	Handlungsorientierte Sammlung von Vorwissen zu verschiedenen Themen

Möglicher Ablauf

- Vor Beginn der Stunde werden an verschiedenen Stellen im Raum Plakate aufgehängt oder ausgelegt, auf denen thematisch passende Impulswörter oder gezielte Fragen stehen, z. B. zum Thema „Stile der Populären Musik" die Begriffe „Punk", „Metal", „Techno", „HipHop", „Reggae" und „Disco".
- Die Schüler werden zum Stundenbeginn in sechs Gruppen eingeteilt, die je einem Plakat entsprechen.
- Die Aufgabe lautet nun für alle Gruppenmitglieder, ihre jeweiligen Assoziationen mit einem eigenen oder bereit gelegten Stift auf das Plakat zu schreiben.
- Nach ca. ein bis zwei Minuten wechseln die Gruppen im Uhrzeigersinn zum nächsten Plakat und ergänzen dieses mit eigenen spontanen Gedanken oder mit Kommentaren zu den vorausgegangenen Begriffen.
- Wenn alle Gruppen an allen Plakaten waren, werden diese an der Tafel aufgehängt und die Eintragungen vorgelesen und besprochen.
- Aus der Sammlung wird das Vorwissen der Schüler zu den jeweiligen Musikstilen ersichtlich, auf das nun im weiteren Stundenverlauf Bezug genommen werden kann.

Tipp	▪ Während dieser Phase wird in der Art eines Schreibgespräches nicht gesprochen.

Was war wann?

Klasse	5–10
Stundenthema	Chronologische Zusammenhänge; Epochengeschichte; Geschichte der Populären Musik; Künstler-/Komponistenbiografien
Vorbereitung	Für alle Schüler: Zeitstrahl auf Papier oder Papier-Metermaß (z. B. aus einem Möbelhaus)
Besonderer Nutzen	Förderung visuellen Lernens; Systematisierung von Wissen

Möglicher Ablauf

- Die Schüler erhalten paarweise zum Stundenbeginn einen Zeitstrahl/ein Metermaß.
- Nun ordnen sie in Partnerarbeit bedeutsame Lebensereignisse eines Künstlers/Komponisten auf Kärtchen chronologisch auf dem Zeitstrahl an und bringen diese in Verbindung mit weiteren relevanten Geschehnissen der jeweiligen Zeit.
- Der Zeitstrahl visualisiert die Lebensspanne, die Dichte von Ereignissen, besondere Koinzidenzen zwischen künstlerischem Schaffen und persönlichen, familiären, sozialen, gesellschaftlichen, politischen, religiösen usw. Lebensereignissen.
- Die erstellten Visualisierungen werden anschließend kurz von einigen Schülern vorgestellt, wesentliche Daten und Ereignisse werden gemeinsam abgeglichen. Die Schüler erhalten Gelegenheit zu einem kurzen Rundgang durch das Klassenzimmer, um sich die Arbeiten der Mitschüler anzusehen.
- Der Fortgang des Unterrichts knüpft an die Chronologie an, gegebenenfalls werden weitere Ereignisse im Laufe der Stunde ergänzt.

Tipps	▪ Das Metermaß bietet sich vor allem dann an, wenn innerhalb des betrachteten Zeitraumes keine Jahrhundertwechsel anfallen, z. B. W. A. Mozart (1756–1791) oder „Stile der Populären Musik von 1950–2000". ▪ Papier-Metermaß-Streifen sind üblicherweise in großen Möbelhäusern in ausreichender Stückzahl erhältlich.
Varianten	▪ Die Arbeit mit einem Metermaß kann mehrfach eingesetzt werden, z. B. kann die eigene Lebensspanne/Schulzeit in Beziehung zu anderen Daten/Ereignissen gesetzt werden. ▪ Bei entsprechender Unterteilung kann der Zeitstrahl auch zur Anordnung musikalischer Epochen, z. B. zwischen dem Mittelalter und dem 21. Jahrhundert verwendet werden.

Richtig oder falsch

Klasse	5–10
Stundenthema	Musikalisches Grundwissen; themenspezifisches Wissen
Vorbereitung	Vorbereitete Begriffe oder Aussagen auf Folie
Besonderer Nutzen	Spielerischer Einstieg; Reaktivierung von Vorwissen; musikalisches Grundwissen; Einstieg in ein neues Thema; Aktivierung aller Schüler

Möglicher Ablauf

- Den Schülern werden auf einer Folie ca. sechs bis zehn Begriffsreihen mit jeweils vier Begriffen präsentiert. In jeder Reihe gibt es drei passende Begriffe und einen unpassenden Begriff. Beispiel: Michael Jackson – Madonna – Prince – Louis Armstrong
- Die Reihen werden nacheinander aufgedeckt.
- Die Schüler müssen den unpassenden Begriff identifizieren, ihre Entscheidung erläutern und den falschen Begriff ausstreichen.
- Anschließend ist die nächste Reihe und ein weiterer Schüler dran.

Tipps	▪ Je nach Jahrgangsstufe werden die Aufgaben anspruchsvoller und die Entscheidungen schwieriger, z. B.: **1.** 5. Klasse: Michael Jackson – Madonna – Prince – Rolf Zuckowski (falsche Lösung: Rolf Zuckowski, da kein englischsprachiger, internationaler Pop-Superstar). **2.** 9. Klasse: Michael Jackson – Madonna – Prince – Louis Armstrong (falsche Lösung entweder L. Armstrong, da Jazz-Musiker, oder Madonna, da feminines Geschlecht).
Varianten	▪ Zu jeder Reihe müssen die Schüler eine Überschrift finden, z. B.: J. Haydn – W. A. Mozart – L. v. Beethoven – J. S. Bach (falsche Lösung: J. S. Bach, da nicht zur Wiener Klassik gehörend; Überschrift: „Komponisten der Wiener Klassik“). ▪ Es werden keine Reihen mit jeweils einem falschen Begriff, sondern mehrere richtige und falsche Aussagen präsentiert. Die Schüler stimmen mit grünen Stiften für „Aussage ist richtig“ bzw. mit roten Stiften für „Aussage ist falsch“ ab. ▪ Zur Unterscheidung von richtig und falsch kann auch die Körperhaltung verändert werden, z. B. aufrecht sitzen (richtig), aufstehen oder in sich zusammenfallen (falsch).

Sortieren und Kategorisieren

Klasse	5–10
Stundenthema	Musikalisches Grundwissen; themenspezifisches Wissen; Instrumentenkunde
Vorbereitung	Vorbereitete Wort- und/oder Bildkarten; alternativ: verschiedene Gegenstände
Besonderer Nutzen	Spielerischer Einstieg; Aktivierung aller Schüler; Förderung kategorialen Wissens; Training musikalischen Grundwissens

Möglicher Ablauf

- Die Schüler stehen oder sitzen im Kreis.
- In der Kreismitte liegen z. B. Wort- und/oder Bildkarten mit verschiedenen Instrumentenabbildungen.
- Jeder Schüler nimmt sich der Reihe nach eine Karte.
- Die Schüler haben nun die Aufgabe, die Instrumente sinnvoll zu ordnen, z. B. nach Instrumentengruppen (siehe Material) und sich in Gruppen im Klassenzimmer aufzustellen (z. B. in den Ecken des Raumes).
- Alternative Themen für diese Methode sind z. B. musikalische Zeichen ordnen (Notenwerte, Pausen- und Dynamikzeichen, Tempoangaben usw.), Künstler/Bands nach Musikstilen ordnen, Komponisten und musikalische Merkmale Epochen zuordnen usw.

Variante	Die Schüler dürfen während des Ordnens nicht sprechen.

Material

Streichinstrumente	Blasinstrumente
Saiteninstrumente	Tasteninstrumente
Elektronische Instrumente	Schlaginstrumente

Paarbildung

Klasse	8–10
Stundenthema	Musikalisches Grundwissen, themenspezifisches Wissen
Vorbereitung	Vorbereitete Frage- und Antwortkärtchen
Besonderer Nutzen	Spielerischer Einstieg; Reaktivierung von Vorwissen; musikalisches Grundwissen; Aktivierung aller Schüler; Förderung des sozialen Miteinanders

Möglicher Ablauf

- Jeder Schüler erhält vom Lehrer ein Kärtchen, entweder mit einer Frage oder mit einer passenden Antwort (siehe Material).
- Nun müssen die Schüler den Mitschüler finden, der die passende Frage bzw. Antwort hat. Dabei darf nicht gesprochen werden.
- Wenn sich die Schüler gefunden haben, dürfen sie sich nebeneinander setzen.
- Anschließend werden die Fragen und Antworten kurz vorgelesen, falsche Paarbildungen korrigiert.
- Die Paare können Ausgangspunkt für eine weiterführende Partnerarbeit sein oder zu einer neuen Sitzordnung in der Musikstunde führen.

Variante	Alternative: Passende Gegenstände müssen kombiniert werden, z. B. je zwei Klangplatten eines Xylophons, Metallophons und Glockenspiels, zwei E-Bass- und Gitarren-Saiten, zwei Wirbel, Drum-Sticks, Chicken Eggs, Klaviertasten, Trompeten-/Saxophon-/Klarinetten-/Posaunen-Mundstücke, Saxophon-/Klarinettenblätter, Blockflötenteile, Claves, Klinkenkabel und -stecker, Mikro und Mikroklemme usw.

Material

Frage: „Ein typisches Merkmal des Reggaes sind die …?“	Antwort: „… Off-Beatakzente.“	Frage: „Ein Hauptvertreter des Reggaes ist …?“	Antwort: „… Bob Marley.“
Frage: „Die mit dem Reggae verbundene Glaubensrichtung ist der …?“	Antwort: „… Rastafarismus.“	Frage: „Bekannte Mitglieder der Wailers waren …?“	Antwort: „… Peter Tosh und Bunny Wailer.“

Frage: „Unter Sound Systems versteht man …?"	Antwort: „… mobile Diskotheken."	Frage: „Der geografische Ausgangspunkt der Reggae-Kultur ist …?"	Antwort: „… Jamaika."
Frage: „Das gelobte Land ist für die Anhänger des Rastafarismus …?"	Antwort: „… Äthiopien."	Frage: „Die typischen Farben der Reggaekultur sind …"	Antwort: „… Grün, Gelb (Gold) und Rot, die Farben der äthiopischen Flagge in umgekehrter Reihenfolge."
Frage: „Einer der Vorläufer des Reggae war der …?"	Antwort: „… Ska."	Frage: „Einer der traditionellen Musikstile auf Jamaika war der …?"	Antwort: „… Mento."
Frage: „Zu einer typischen Reggae-Besetzung gehören …?"	Antwort: „… Schlagzeug, E-Gitarre, Hammond-Orgel, E-Bass, Gesang, dazu evtl. Background-Sänger/innen und Bläser."	Frage: Die jamaikanische Musik ist stark beeinflusst von der …?"	Antwort: „… afrikanischen Musik."
Frage: „Ein beliebtes Thema von Reggaetexten sind …?"	Antwort: „… soziale Missstände."	Frage: „Bob Marley hieß mit Vornamen eigentlich …?"	Antwort: „… Robert Nesta."
Frage: „Bekannte Songs von Bob Marley sind z. B. …?"	Antwort: „… Buffalo Soldier, Get Up, Stand Up, I Shot the Sheriff, No Woman No Cry."	Frage: „Als religiöses Symbol tragen die Anhänger des Rastafarikultes …?"	Antwort: „… Dreadlocks."

Tabu

Klasse	5–10
Stundenthema	Musikalisches Grundwissen themenspezifisches Wissen
Vorbereitung	Vorbereitete Karten mit einem zentralen Begriff und weiteren „Tabu"-Begriffen; evtl. Sanduhr
Besonderer Nutzen	Spielerischer Einstieg; Reaktivierung von Vorwissen; musikalisches Grundwissen; Aktivierung aller Schüler

Möglicher Ablauf

- Die Klasse wird in zwei Gruppen eingeteilt.
- Aus der Klassenhälfte A darf ein Schüler eine Wortkarte aus einer Box ziehen.
- Die Karte enthält einen Oberbegriff, den der Schüler seiner Gruppe zusammen mit möglichst vielen anderen Begriffen innerhalb einer vorgegebenen Zeit (z. B. Sanduhr) erklären muss. Dabei darf er bestimmte „Tabu"-Wörter, die unterhalb des Oberbegriffs auf der Karte stehen, sowie deren Wortbestandteile nicht zur Erklärung verwenden (siehe Material). Für jeden richtig und rechtzeitig erratenen Begriff erhält die eigene Gruppe einen Punkt. Wenn ein verbotener Begriff verwendet wurde oder ein Begriff nicht erklärt werden kann, gibt es einen Punkt Abzug. Die Kontrolle darüber hat der Lehrer.
- Anschließend wird gewechselt und die Klassenhälfte B ist an der Reihe.
- Gewonnen hat die Gruppe, die die meisten Begriffe erraten konnte.

Variante	Die Schüler erstellen selbst Tabu-Karten für ein gemeinsames Tabu-Spiel. Dies kann themenspezifisch oder themenübergreifend angelegt sein.

Material

Michael Jackson Thriller Bad Moonwalk Nase King of Pop	**Reggae** Bob Marley Jamaika Äthiopien Ska Grün – Gelb – Rot	
Rock'n'Roll Bill Haley Elvis Presley 1950er-Jahre Rock around the clock Chuck Berry	**Woodstock** 1969 Hippies Festival Jimi Hendrix Janis Joplin	

Wettkampf

Klasse	8–10
Stundenthema	Musikalisches Grundwissen themenspezifisches Wissen
Vorbereitung	Vorbereitete Fragen; Fragebox
Besonderer Nutzen	Spielerischer Einstieg; Reaktivierung von Vorwissen; musikalisches Grundwissen; Aktivierung aller Schüler

Möglicher Ablauf

- Der Lehrer teilt die Klasse in zwei Gruppen A und B ein.
- Jede Gruppe benennt einen Quizmaster, der der anderen Gruppe abwechselnd vorbereitete Fragen stellt. Ein Schüler der Gruppe A stellt demnach den Mitgliedern der Gruppe B Fragen und umgekehrt.
- Die Fragen werden von den beiden Quizmastern aus einer Box gezogen und vorgelesen. Innerhalb der nächsten 20 Sekunden muss die Frage beantwortet werden.
- Der Lehrer notiert die Anzahl richtiger und falscher Antworten (auch: nicht beantworteter Fragen) mit Strichen an der Tafel.
- Gewonnen hat die Gruppe, die mehr Fragen richtig beantworten konnte.

Material

Grundwissen „Musiktheorie“

Frage: „Als Stammtöne werden folgende Töne bezeichnet: …?“ **Antwort:** „… c, d, e, f, g, a und h.“	**Frage:** „Eine Halbe Note besteht aus … Achtelnoten?“ **Antwort:** „… aus vier Achtelnoten.“	**Frage:** „Der Violinschlüssel markiert den Ton … im 5-Linien-Notensystem?“ **Antwort:** „… den Ton g.“
Frage: Den Abstand zwischen zwei Tönen nennt man …?“ **Antwort:** „… Intervall.“	**Frage:** „Der Unterschied zwischen einem Dur- und einem Moll-Dreiklang besteht in der Anordnung der großen und kleinen …?“ **Antwort:** „… Terz.“	**Frage:** „Teilt man einen Notenwert nicht in zwei, sondern in drei gleiche, kleinere Notenwerte auf, so spricht man von einer …?“ **Antwort:** „… Triole“.

Grundwissen „Musikgeschichte/Instrumentenkunde“

Frage:
„Zu den bekanntesten Komponisten der Wiener Klassik gehören …?“
Antwort:
„… J. Haydn, W. A. Mozart, L. v. Beethoven.“

Frage:
„Aus dem Cembalo hat sich später das … entwickelt?“
Antwort:
„… Klavier.“

Frage:
„Ein anderes Wort für ‚Viola‘ ist …?“
Antwort:
„… Bratsche.“

Frage:
„Elvis Presley ist einer der bekanntesten Vertreter des …?“
Antwort:
„… Rock'n'Roll.“

Frage:
„Der HipHop ist entstanden in …?“
Antwort:
„… New York (Bronx).“

Frage:
„Auf die Epoche des Barock und der Wiener Klassik folgt als nächste große Epoche die …?“
Antwort:
„… Romantik.“

Themenspezifisches Wissen: Jazz

Frage:
„Fünf bekannte Stile des Jazz sind …?“
Antwort:
„… Swing, Bebop, Hard Bop, Cool Jazz, Jazz Rock (New Orleans Jazz, Dixieland, Jazz Rock …).“

Frage:
„Zu den Wurzeln des Jazz gehören …?“
Antwort:
„… Blues, Gospel/Spiritual (Fieldhollers, Worksongs …).“

Frage:
„In den 1920er-Jahren entwickelten sich große Jazz-Besetzungen. Sie wurden … genannt.“
Antwort:
„… Big Bands.“

Frage:
„Jazzmusiker spielen häufig ohne Noten nach Gehör und erfinden dabei Melodien und Rhythmen, dies nennt man …?“
Antwort:
„… Improvisation.“

Frage:
„Das Instrument, mit dem Miles Davis berühmt wurde ist …?“
Antwort:
„… die Trompete.“

Frage:
„Die Namen fünf bekannter Jazzmusiker lauten …?“
Antwort:
„Louis Armstrong, Glenn Miller, Chet Baker, Ella Fitzgerald, Dizzy Gillespie (Miles Davis, Sonny Rollins, John Coltrane, Joe Zawinul, Bill Evans …).“

Buchstabensalat

Klasse	5–10
Stundenthema	Musikalisches Grundwissen themenspezifisches Wissen
Vorbereitung	Vorbereiteter Buchstabensalat
Besonderer Nutzen	Spielerischer Einstieg; Reaktivierung von Vorwissen; musikalisches Grundwissen; Aktivierung aller Schüler; Förderung von Kombinatorik und Kreativität

Möglicher Ablauf

- Die Klasse wird in zwei Hälften geteilt.
- In einem quadratischen oder rechteckigen Feld mit allen möglichen Buchstaben des Alphabets verstecken sich musikalische Fachbegriffe zum aktuellen Thema oder aus dem Bereich des Grundwissens, die die Schüler erkennen und erklären müssen.
- Gewonnen hat, wer die meisten Begriffe entdeckt und richtig erklärt hat.

Varianten
- Das Spiel lässt sich auch in Einzel- oder Partnerarbeit durchführen.
- Die Schüler gestalten selbst Buchstabensalate mit musikalischen Fachbegriffen.

Material

Suchsel Musiktheorie

Q	W	R	E	T	Z	U	I	O	P	Ü	A	S	D	F	G	H	J	K	L	Ö	Y	M	N	Ä	B	V	X
A	S	D	F	G	H	N	O	T	E	N	H	A	L	S	J	K	L	Ö	Y	C	B	V	M	A	G	J	K
P	O	I	U	Z	T	R	E	A	W	Q	L	K	J	H	G	F	D	S	A	L	Ö	I	F	J	D	K	L
Z	U	I	O	P	Ü	Q	A	K	K	O	R	D	W	E	R	T	Z	A	C	H	T	E	L	N	O	T	E
Ö	L	K	J	H	G	F	D	T	S	A	M	B	N	V	C	X	Y	A	S	D	F	R	G	H	J	K	L
P	O	I	U	Z	T	R	E	S	W	Q	Ä	M	L	K	J	D	H	G	F	D	S	T	A	X	C	V	B
N	B	M	Q	W	E	R	T	T	O	N	L	E	I	T	E	R	Z	U	I	O	P	E	Ü	L	K	J	H
G	F	D	S	Y	A	M	X	R	C	V	B	T	N	Q	W	E	T	Z	I	U	O	L	P	Ü	A	S	D
L	K	J	H	G	F	D	S	I	M	B	N	R	V	C	X	I	A	S	D	F	G	P	H	J	K	L	Ö
Ä	L	K	J	H	G	F	D	C	S	A	D	U	R	E	T	K	R	E	Z	U	I	A	O	P	Ü	A	S
D	F	G	H	J	K	L	Ö	H	Y	C	V	M	B	N	Q	L	W	R	E	T	I	U	N	M	B	V	C
X	A	S	D	F	G	H	J	K	L	Ö	P	O	I	U	Z	A	T	H	J	Q	L	S	K	J	H	G	F
V	I	O	L	I	N	S	C	H	L	Ü	S	S	E	L	G	N	H	J	K	M	B	E	V	C	X	A	S
Q	W	R	E	T	Z	U	I	O	P	Ü	A	S	D	F	G	G	J	K	L	Ö	Y	M	N	Ä	B	V	X
X	V	B	Ä	N	M	Y	Ö	K	J	H	G	F	D	S	A	Ü	P	O	I	U	Z	T	R	E	W	Q	D

Verfremdung mit Zeitreise

Klasse	5–10
Stundenthema	Musikalisches Grundwissen themenspezifisches Wissen
Vorbereitung	Keine Vorbereitung oder vorbereiteter Text
Besonderer Nutzen	Spielerischer Einstieg; Reaktivierung von Vorwissen; musikalisches Grundwissen; Aktivierung aller Schüler; Förderung von Kreativität

Möglicher Ablauf

- Die Schüler erhalten einen Text, der einen musikalischen oder musikbezogenen Sachverhalt verfremdet darstellt, indem z. B. der Inhalt einer Oper sprachlich in die heutige Zeit übertragen wurde (siehe Material).
- Die Schüler sollen die verfremdeten Elemente identifizieren und die Verfremdung im Hinblick auf den originalen Unterrichtsstoff erläutern.
- Alternativ stellt der Lehrer den Schülern die Aufgabe, einen verfremdeten Sachverhalt selbst zu entwerfen (z. B. Übertragung der „West Side Story“ in rivalisierende HipHop-Gangs in einer deutschen Großstadt).

Tipp	▪ Als Inspirationsquelle kann das Buch „Bockstarke Klassiker“ von Uta Claus dienen (Eichborn-Verlag, 1985).
Variante	▪ Die Schüler erhalten einen Text, der einen musikalischen oder musikbezogenen Sachverhalt fehlerhaft darstellt, indem z. B. ein musikalischer Stil falsch beschrieben wird. Die Schüler sollen die Fehler identifizieren und korrigieren.

Material

Die Entführung aus dem Serail – Drehbuchexposé

Hauptdarsteller in der erfolgreichen Reality-Soap „Die Entführung aus dem Serail“ sind die rassige, spanische Filmdiva Penelope, ihre Nanny Blondie und deren Freund, der smarte Hausboy Pedro. Als die drei gemeinsam mit Penelopes Verlobtem Bello Monte und einer aus dem deutschen Fernsehen bekannten Kult-Millionärs-Familie auf einer Luxusyacht über das Mittelmeer kreuzen, werden sie beim Sonnenbaden von Piraten überfallen. Die übrige Schiffsbesetzung konnte sich auf ein vorbeikommendes Fischerboot aus Afrika retten, den Entführten aber trotz GPS-Notruf nicht mehr helfen. Bello Monte gelangt auf diese Weise wieder an Land und beginnt unter Nutzung all seiner Kontakte, sogar über Facebook, mit der Suche.

Als die drei Entführten von zwielichtigen Mädchenhändlern auf einem türkischen Markt verkauft werden sollen, erhält ein unbekannter Ebay-Käufer überraschend den Zuschlag. So landen sie in der exklusiven Prachtvilla mit Meeresblick des ebenfalls aus Spanien stammenden Islamisten Bassa Selim.

Bello Montes Suche über die Ortung von Penelopes Handy erweist sich als erfolglos, aber dank einer SMS von Pedro kann er den Aufenthaltsort der Entführten ermitteln. Dank seines Know-hows als ehemaliger Privatdetektiv verschafft er sich erfolgreich Zugang zur Villa von Bassa Selim. Hier trifft er auf Pedro, sie planen die Befreiung von Penelope und Blondie. Leider gestaltet sich der Rückweg jedoch wesentlich schwieriger als das Eindringen in die protzige Jet-Set-Villa. Bassa Selim versucht indessen mit allen Mitteln, Penelopes Liebe zu gewinnen, nachdem er in sämtlichen Internetportalen zur Partnersuche bislang erfolglos war – selbst seine Mitwirkung bei der RTL2-Produktion „Traumfrau gesucht" verschaffte ihm nur Spott. Auch der Unterhändler Osmin, der Bello Monte den Zutritt zur Villa verwehrt, schmeißt sich an Blondie heran. Beide Frauen wollen jedoch von den billigen Anmachern nichts wissen und hoffen auf Befreiung, wie sie täglich mehrmals twittern.

Pedro gelingt es trickreich, Osmin, dem er zufällig im Wellnessbereich der Villa begegnet ist, durch angetäuschtes Komasaufen außer Gefecht zu setzen. Bello Monte kann so Penelope endlich wiedersehen, die nach kurzer Freude erst einmal um einen Moment Geduld bittet, um ihre Haar-Extensions und abgebrochenen Fingernägel wieder anzukleben. Anschließend widmen sich Penelope, Bello, Pedro und Blondie der Fluchtplanung. Diese scheint zunächst zu gelingen, allerdings vereiteln die in der ganzen Villa aufgestellten Bodyguards sowie die Bewegungs- und Wärmesensoren das Vorhaben. In letzter Sekunde werden sie gefasst.

Dem gefrusteten Bassa Selim wird die Frauensuche nun endgültig zu dumm, er beschließt kurzerhand, die vier hinrichten zu lassen. Aufgrund einiger verheißungsvoller Internetzuschriften von osteuropäischen Damen lässt er aber dann, milde gestimmt, doch Gnade walten und spricht – ganz zu Osmins Verdruss – großherzig und etwas pathetisch den Satz: „Es wäre ein weit größeres Vergnügen, eine erlittene Ungerechtigkeit durch Wohltaten zu vergelten, als Laster mit Laster zu tilgen." Noch am selben Abend postet er in seinem Blog, dass er darin größere Befriedigung sehe als in der Lust, Menschen zu töten.

Die Liebenden schwören sich – wie soll es bei einer Soap anders sein – ewige Treue und freuen sich über das Happy End.

Notenlernen durch Umsetzen

Klasse	5–10
Stundenthema	Musikalisches Grundwissen themenspezifisches Wissen
Vorbereitung	vorbereitete Notenkarten
Besonderer Nutzen	Spielerischer Einstieg; Reaktivierung von Vorwissen; musikalisches Grundwissen; Aktivierung aller Schüler; soziale Förderung

Möglicher Ablauf

- Die Schüler sitzen im Kreis und erhalten eine Karte mit einer Note im Notensystem (siehe Material).
- Nun sollen sich die Schüler gemäß einer aufsteigenden Tonfolge oder einer vorgegebenen Melodie umsetzen, ohne miteinander zu sprechen.

Varianten

- Die Schüler erhalten einen Boomwhackers-Stab oder einen Klangbaustein und sollen sich gemäß der Tonreihenfolge umsetzen, die anschließend musiziert wird.
- Die Schüler setzen sich mit ihren Tonnamen gemäß einer Melodiefolge oder eines vorgegebenen Wortes (z. B. Affe) um und musizieren die jeweilige Vorgabe.

Material

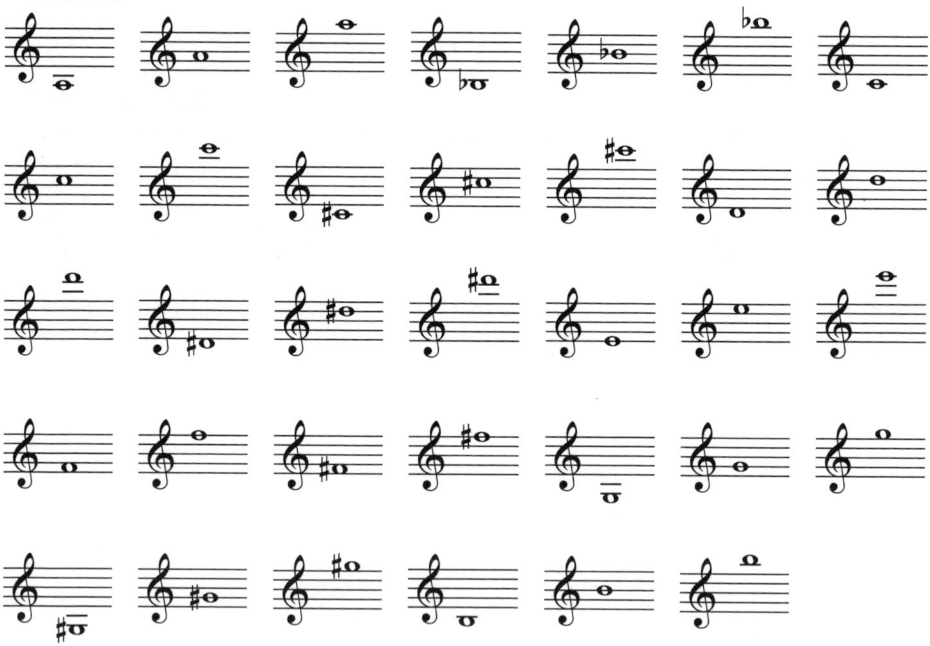

E-Mails & Co

Klasse	5–10
Stundenthema	Komponistenbiografien Musikstile; musikalisches Grundwissen; themenspezifisches Wissen
Vorbereitung	Ggf. Bereitstellung von Informationsmaterial
Besonderer Nutzen	Förderung von Kreativität; Nutzung alltäglicher Kommunikationsformen

Möglicher Ablauf

› Nahezu alle Schüler kommunizieren täglich per E-Mail, SMS, Facebook, Twitter, WhatsApp oder über andere virtuelle Wege. Daher bietet es sich an, die alltäglichen Gewohnheiten mit Fachinhalten zu verbinden und über die kritische und reflektierte Auseinandersetzung einen Beitrag zum fächerübergreifenden Bildungs- und Erziehungsziel „Medienkompetenz" zu leisten.
Aufgabenstellungen könnten z. B. lauten:
- Entwerft ein Facebookprofil für … (z. B. einen Komponisten, einen Instrumentalisten, einen Sänger).
- Erfindet einen E-Mail- bzw. SMS-Wechsel zwischen … und … (z. B. zwischen einem Veranstalter und einem Popstar wegen eines Konzertausfalls; zwischen Leopold Mozart und seinem Sohn; zwischen den Vertretern verschiedener Jugendkulturen).
- Übertragt die Informationen auf eurem Arbeitsblatt in Twitter-Nachrichten (z. B. Reiseerlebnisse des jungen W. A. Mozart).

› Reizvoll ist bei dieser Methode besonders, dass sich die Schüler selbstständig überlegen müssen, was zu einem vollständigen Facebookprofil alles gehört (Bilder, Interessen, Arbeitgeber, Beruf, Freunde etc.), bzw. bei einem SMS-Wechsel oder über Twitter nur wenige Zeichen für ihre Formulierungen zur Verfügung haben und sich daher auf das Wesentliche beschränken müssen.

Tipps	▪ Die Arbeitsergebnisse werden anschließend vorgestellt und an einer Pinnwand aufgehängt. ▪ Der SMS- oder E-Mail-Wechsel wird von Schülerpaaren vorgetragen.

Kreuzworträtsel

Klasse	5–10
Stundenthema	Beliebig
Vorbereitung	Erstellung eines Kreuzworträtsels, z. B. mit einer kostenlosen Software aus dem Internet
Besonderer Nutzen	Reaktivierung von Vorwissen; Nutzung des Motivationsprinzips „Rätsellösen"

Möglicher Ablauf

- Die Schüler erhalten zu Beginn der Stunde ein Kreuzworträtsel, das sie in Partnerarbeit lösen sollen. Dieses enthält musikalische Grundbegriffe, Begriffe aus der letzten Stunde oder aus den Medien.
- Das Lösungswort ergibt das Thema der heutigen Stunde (z. B. Orchesterinstrumente).

Variante

- Das Kreuzworträtsel (mit einem kurzen Lösungswort) wird projiziert. Die Schüler müssen im Geist die Lücken füllen und das Lösungswort erkennen. Zur Vereinfachung dürfen sie sich Notizen anfertigen.

Material

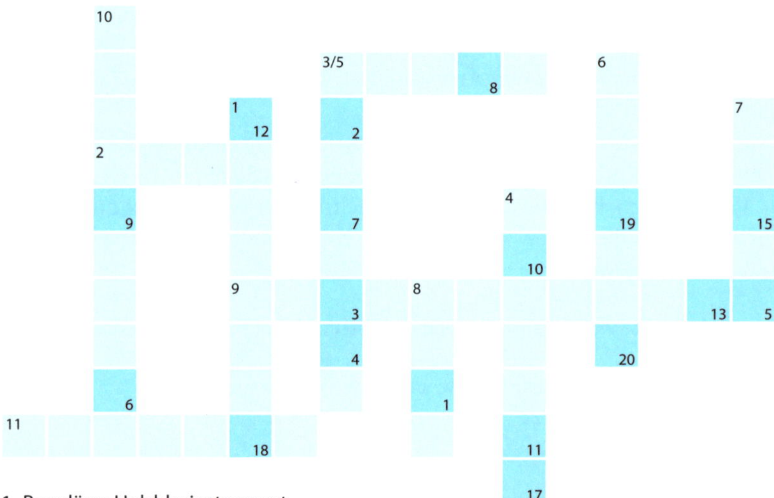

1 Populäres Holzblasinstrument
2 Großes Blechblasinstrument
3 Streichinstrument
4 Anderes Wort für Geige
5 Damit streicht man ein Streichinstrument
6 Bei einer Trompete gibt es mehrere …
7 Großes Schlaginstrument
8 Doppelrohrblattinstrument
9 Kleine Flöte
10 Großes Streichinstrument
11 Blasinstrument mit hinausschiebbarem Zug

1	2	3	4	5	6	7	8	9	10	11	12	13	14	15	16	17	18	19	20

Akustik visuell erfahren

Klasse	5–10
Stundenthema	Schallausbreitung
Vorbereitung	Durchsichtige Schüssel, gefüllt mit Wasser, Stift, Tinte
Besonderer Nutzen	Experimentelle Veranschaulichung des akustischen Phänomens der Schallausbreitung

Möglicher Ablauf

- Der Lehrer füllt eine durchsichtige Schüssel mit Wasser und gibt einige Tropfen Tinte zur Färbung hinein.
- Die Schüssel wird nun auf den eingeschalteten Overheadprojektor gestellt, sodass das blau gefärbte Wasser für alle Schüler sichtbar wird.
- Nun taucht der Lehrer mit einem Gegenstand, z. B. einem Stift, in die Schüssel.
- Die davon ausgehenden, gleichmäßigen Wellen entsprechen dabei (zweidimensional) der gleichmäßigen Schallausbreitung in alle Richtungen.

Tipps	▪ Das Experiment kann entweder nach einer Erläuterung des physikalischen Vorgangs der Schallausbreitung als Veranschaulichung dienen oder als Ausgangspunkt für die Frage, was dieses Experiment denn mit Musik/Akustik/Schall zu tun habe. ▪ Zur Veranschaulichung anhand eines akustischen Ereignisses kann eine Klangschale oder eine große Küchenschüssel aus Metall eingesetzt werden, bei der die Schwingungen des Materials sichtbar werden. Zusätzlich kann Spielsand eingesetzt werden, der sich durch die Vibrationen gleichmäßig anordnet.
Varianten	▪ Alternativ kann demonstriert werden, wie eine vor einem Lautsprecher aufgestellte Kerze zu flackern beginnt, wenn die Musik (in ausreichender Lautstärke) erklingt. ▪ Reiskörner beginnen zu tanzen, wenn sie z. B. auf einer Standtom auf das obere Fell gelegt werden und das untere Fell angeschlagen wird. ▪ Wenn Reiskörner in eine Handtrommel gelegt werden, beginnen diese zu hüpfen, wenn die Handtrommel vor einer Bassbox mit entsprechend bassbetonter Musik positioniert wird.

Ein Koffer voll Musik

Klasse	5–10
Stundenthema	Einführung von Percussioninstrumenten; Instrumentenkunde; Musikgeschichte
Vorbereitung	Koffer, gefüllt mit Latin-Percussion
Besonderer Nutzen	Spielerischer Einstieg; Musikpraxis

Möglicher Ablauf

- Die Schüler sitzen im Kreis.
- Der Lehrer präsentiert den Schülern einen Koffer, mit dem er gerade aus dem Südamerika-Urlaub zurückgekommen ist.
- Nachdem die Schüler einige Vermutungen zum Inhalt geäußert haben, wird der Koffer kurz geöffnet und dann wieder verschlossen. Die Schüler beschreiben kurz ihre Eindrücke.
- Anschließend wird der Koffer erneut geöffnet. Einzelne Schüler dürfen sich nun nacheinander ein Instrument aus dem Koffer holen und versuchen, dessen Klangerzeugung zu entschlüsseln. Der Lehrer gibt ggf. Hilfestellung und ergänzende Informationen.
- Sofern mehrere gleiche Instrumente im Musikraum vorhanden sind, kann nun das jeweils vorgestellte Instrument in mehrfacher Ausfertigung an mehrere Schüler verteilt werden (z. B. 4 × Claves).
- Diese Phase kann als Ausgangspunkt für Instrumentenkunde, ein rhythmisches Spielstück, einen Latin-Groove oder eine Liederarbeitung dienen.

Tipp	▪ Zusätzlich zum Kofferinhalt können auch größere Instrumente wie Bongos oder Congas als „Reise-Sperrgut" in Kartons verpackt oder Tüchern eingewickelt integriert werden.
Variante	▪ Anstelle der Latin-Percussioninstrumente können auch Bildkarten, z. B. von Instrumenten des Orchesters, von Bands und Künstlern usw. aus dem Koffer herausgeholt und zum Ausgangspunkt der weiteren Erarbeitung (z. B. Rollenspiel, Zuordnung von Musikern zu Stationen der Musikgeschichte oder zu Stilen, Gruppierung von Orchesterinstrumenten), gemacht werden.

Turmbau zu Babel – Lieder raten

Klasse	5–10
Stundenthema	Liederarbeitung; Künstlerbiografien
Vorbereitung	Liedtext
Besonderer Nutzen	Förderung von Kreativität; Stärkung von Gemeinschaft; Aktivierung aller Schüler; Förderung bewussten Hörens und von Künstler- bzw. Werkkenntnis

Möglicher Ablauf

- Zu Beginn der Stunde wird ein Schüler bestimmt, der einen Song erraten bzw. anhand eines Songs einen Künstler/eine Band erraten soll.
- Der Schüler dreht sich mit dem Gesicht zur Wand, die übrigen Schüler sitzen idealerweise im Kreis und erhalten einen Liedtext.
- Wenn der ratende Schüler in die Kreismitte tritt, fangen die übrigen Schüler gleichzeitig an, Textteile laut zu sprechen, einzelne Wörter, ganze Sätze und Strophen. Dabei können die Schüler ihre Stimme als Warm-up vielfältig einsetzen: sehr leise oder laut, gesungen, schnell oder langsam sprechend, mit übertriebener Artikulation, theatralisch, traurig, freudig etc.
- Der ratende Schüler muss anhand des Sprachgewirrs den Song bzw. den oder die Künstler ermitteln.
- Seinen Tipp schreibt er anschließend an die Tafel.
- Wenn die Lösung richtig ist, verstummen die anderen Schüler, wenn sie falsch ist, setzt das Stimmengewirr erneut ein, so lange, bis die Lösung gefunden wurde.

Varianten

- Der ratende Schüler erhält vor der Ratephase einen möglichst schalldichten Kopfhörer oder MP3-Player mit erklingender Musik, sodass er zwar Blickkontakt zu den Mitschülern hat, jedoch keine Äußerungen zum ausgeteilten Lied verstehen kann.
- Anstelle eines einzelnen Liedtextes erhalten die Schüler ein Liederbuch. Der Lehrer schreibt an die Tafel eine Seitenzahl. In mehreren aufeinander folgenden Rätselrunden müssen verschiedene Schüler die jeweiligen Lieder erraten.
- Weitere Rateimpulse zur Hinführung für alle Schüler können olfaktorische (z. B. Rosenduft zu "The Rose" von Bette Midler), sensomotorische (z. B. freudig hüpfen und strahlen zu "Happy" von Pharrell Williams), visuelle (z. B. Bild vom "Brunnen vor dem Tore"), akustische (z. B. gepatschter bzw. geklatschter Rhythmus von "We will rock you"), kognitive (vgl. S. 42), haptische (z. B. blind Sand und Muscheln fühlen zu "Wann wird's mal wieder richtig Sommer") oder gustatorische (z. B. Limonenscheibe zu "Lemon Tree") Reize sein.

Wörter finden

Klasse	5–10
Stundenthema	beliebig
Vorbereitung	—
Besonderer Nutzen	Spielerischer Einstieg; Aktivierung von Vor- und Grundlagenwissen; Förderung von Kreativität

Möglicher Ablauf

- Zu Beginn der Stunde wird ein zentraler Begriff bzw. das Thema der Stunde in einem Wort senkrecht an der Tafel oder auf Folie präsentiert.
- Die Schüler müssen nun zu jedem Buchstaben ein waagrecht platzierbares Wort finden, in dem der Buchstabe vorkommt. Dies können bei einer Wiederholungsstunde thematisch passende oder bei einer Einführungsstunde allgemeine musikalische Begriffe bzw. bekanntes Vorwissen sein.

Beispiel

								S	**H**	O	W		
R	E	A	L	S	C	H	U	L	**E**				
						S	C	H	**L**	A	G	E	R
			S	I	B	I	R	I	**E**	N			
	E	N	T	E	R	T	A	I	**N**	E	R	I	N
S	I	L	B	E	R	E	I	S	**E**	N			

				E	R	**F**	O	L	G		
			M	U	S	**I**	C	A	L		
						S	H	O	W		
						C	H	A	R	T	S
F	E	R	N	S	E	**H**	E	N			
				A	T	**E**	M	L	O	S	
	K	O	M	M	E	**R**	Z				

Variante	Die Schüler suchen sich aus vorgegebenen Begriffen einen aus und finden selbstständig passende Wörter. Diese werden auf Folie notiert und der Klasse vorgestellt.

Mindmapping

Klasse	5–10
Stundenthema	beliebig
Vorbereitung	—
Besonderer Nutzen	Aktivierung, Systematisierung und Visualisierung von Vor- und Grundlagenwissen

Möglicher Ablauf

- Den Schülern wird zu Beginn der Stunde das Stundenthema verraten, z. B. „HipHop".
- Nun äußern die Schüler Begriffe, die zur Jugendkultur passen, z. B. Breakdance, 50 Cent, Rap, DJing, Graffiti, Tupac Shakur, Drum-Computer, MCs, Trainingshosen, Goldkettchen, cooles Gehabe, Slangausdrücke usw.
- Der Lehrer sammelt, systematisiert und visualisiert die Begriffe an der Tafel, auf dem Overheadprojektor oder mittels einer Mindmapping-Software am Computer gemeinsam mit den Schülern. Fehlende Kategoriebegriffe wie z. B. „Kleidung", „Sprache", „Verhalten" sowie weitere Begriffe werden gemeinsam wie in der Grafik unten ergänzt.
- Auf die Mindmap kann im weiteren Verlauf der Stunde immer wieder zurückgekommen werden.

Beispiel

Musik
- **RAP**
  Sprechgesang
- **DJing**
  Scratching und Mixing

Weitere musikalische Merkmale:
- einfache Songstruktur
- Bass- und Schlagzeug-loops
- kaum Melodien

Sprache
Slangausdrücke,
viele Schimpfwörter

Ey, yo, was geht?
dissen
Respekt!

Kunst
Graffiti
Sprühdosenkunst
Tags

HipHop

Verhalten
lockeres, cooles Gehabe, gestische Codes usw.

Kleidung
Baggy-Jeans, Trainingsanzug, Baseballcap und Turnschuhe

Tanz
Breakedance
akrobatischer Tanzstil

Medienrummel

Klasse	5–10
Stundenthema	Aktuelles Musikgeschehen; Werkkunde; Komponisten/Künstler; Aufführungspraxis; Sonstiges
Vorbereitung	Gesammelte Zeitungsüberschriften
Besonderer Nutzen	Wecken von Neugier und Förderung von Kreativität

Möglicher Ablauf

› Den Schülern wird zu Beginn eine Schlagzeile aus einer Zeitung auf Folie präsentiert. Die Aufgabe lautet, den dazugehörigen Inhalt der Pressemitteilung zu erraten. Dies kann auf verschiedene Weisen geschehen, z. B.:
- Im Lehrer-Schüler-Gespräch.
- Im Stil des Spiels „Black Stories“: Die Schüler stellen Fragen an den Lehrer, der diese nur mit „ja“ oder „nein“ beantworten darf. So arbeiten sich die Schüler an den genauen Inhalt der Pressemitteilung heran.
- Im Stil des Spiels „Nobody is perfect“: Die Schüler entwerfen in Partnerarbeit eine plausible Unterüberschrift mit maximal zwei Sätzen, die den Inhalt der Meldung realistisch beschreiben könnte. Die Antworten werden eingesammelt. Zusammen mit vier ausgewählten Schülerergebnissen liest der Lehrer die richtige Unterüberschrift vor – die Schüler, deren Antwort vorgelesen wurde, dürfen in der Raterunde nicht mitmachen. Die übrigen Schüler dürfen nun abstimmen, welche Zusammenfassung die richtige sein könnte.

› Anschließend klärt der Lehrer auf. Ein Beispiel wäre die Überschrift: „Bayreuth-Skandal – Ein Hakenkreuz geht nie“. Die Unterüberschrift lautet: „Weil er sich Nazi-Symbole hat tätowieren lassen, wird Evgeny Nikitin bei den Festspielen in Bayreuth nicht auftreten. Die einen empören sich über den Russen, die anderen über die Wagner-Schwestern.“
Sowohl die Überschrift als auch die Zusammenfassung können zur Thematisierung von Richard Wagner als politisch vorbelastete Figur oder des Opernbetriebs in Bayreuth verwendet werden.

Varianten
- Es werden mehrere Schlagzeilen präsentiert – die Schüler müssen das verbindende Thema herausfinden.
- Die Schüler erfinden passend zur vorgegebenen Überschrift selbst eine plausible, musikbezogene Story (evtl. fächerverbindend mit dem Fach Deutsch).

Abc

Klasse	5–10
Stundenthema	Aktuelles Musikgeschehen; Werkkunde; Komponisten/Künstler; Aufführungspraxis; Sonstiges
Vorbereitung	Liste mit den Buchstaben des Alphabets
Besonderer Nutzen	Förderung von Kreativität

Möglicher Ablauf

- Die Schüler erhalten zum Stundenbeginn eine Liste mit den Buchstaben des Alphabets.
- Die Schüler finden nun möglichst viele passende Begriffe zum Stundenthema, die als Anfangsbuchstaben einen Buchstaben des Alphabets haben. Im Idealfall schaffen sie ein ganzes Alphabet. Auch der Einsatz eines Jokers ist möglich.
- Am Ende liest jeweils ein Schüler seine Lösung für einen Buchstaben in aufsteigender Reihenfolge vor. Bei eher unpassenden, gekünstelten oder fehlenden Begriffen ist der nächste Schüler mit seinem Vorschlag an der Reihe.

Tipp	▪ Diese Methode kann auch als Zusammenfassung eines Themas eingesetzt werden.
Varianten	▪ Jeder Schüler erhält drei Joker. Diese ersetzen den zu findenden Begriff durch eine Lücke. ▪ Die Buchstaben des Alphabets müssen nicht am Anfang stehen, sondern können auch in der Wortmitte oder am -ende stehen. Diese Variante ist erheblich einfacher.

Material

A	N
B	O
C	P
D	Q
E	R
F	S
G	T
H	U
I	V
J	W
K	X
L	Y
M	Z

Dynamik erfahren

Klasse	5–10
Stundenthema	Die Dynamik – Einführungsstunde
Vorbereitung	Ein Sprechtext auf Folie, einmal in gleichbleibender Buchstabengröße, einmal mit größer werdenden Buchstaben
Besonderer Nutzen	Alltagsbezug; visuell gestützte Erfahrung von Dynamik; musikalische Primärerfahrung

Möglicher Ablauf

- Der Lehrer bittet die Schüler, den Text „Da nähert sich ein Klang" mit der gleichbleibenden Buchstabengröße auf ein Zeichen hin zu sprechen. Die Schüler werden den Text recht monoton und gelangweilt sprechen.
- Anschließend sollen die Schüler den Text mit den größer werdenden Lettern auf ein Zeichen hin sprechen. Automatisch werden sie das Sprechen verändern, indem sie entweder mit der Sprechstimme nach oben wandern oder – wahrscheinlicher – lauter werden.
- Der Vorgang wird nochmals wiederholt.
- Bei der anschließenden Abstimmung, welche Textversion spannender und interessanter klingt, werden die Schüler Variante B präferieren – ein Indiz dafür, dass die dynamische Gestaltung ein wichtiges Gestaltungsmittel ist.

Tipp	▪ Thematische Fortführung: Schüler finden Beispiele für verschiedene Lautstärken. Lehrer: „Sicherlich kennt ihr einige Beispiele aus dem Alltag, bei denen unterschiedliche Lautstärken auftreten." Schüler: „herannahendes Auto oder Flugzeug" (crescendo), „Weckerrasseln am Morgen" (sforzato), „Schlafen" (Stille), „Verkehrslärm" (forte/fortissimo), „Wind in den Bäumen" (piano/pianissimo), „Reden während der Gruppenarbeit" (mezzoforte)
Variante	▪ Zusätzlich zum Sprechtext wird vor der Abstimmung ein Lied aus der Vorstunde mit vereinbarten dynamischen Veränderungen gesungen.

Material

DA NÄHERT SICH EIN KLANG

DA NÄHERT SICH EIN KLANG

Tempo erfahren

Klasse	5–10
Stundenthema	Das Tempo in der Musik – Einführungsstunde
Vorbereitung	Uhr mit Sekundenzeiger
Besonderer Nutzen	Alltagsbezug; musikalische Primärerfahrung; fächerverbindendes Lernen (Mathematik/Physik); Aktivierung

Möglicher Ablauf

- Zu Beginn der Stunde messen die Schüler ihren Puls (10 Sekunden zählen, dann mit der Zahl 6 multiplizieren).
- Ihre Aufmerksamkeit wird darauf gelenkt, dass es ein regelmäßiges Moment in ihrem Körper gibt, das unaufhörlich in einem bestimmten Tempo agiert.
- Nun sollen die Schüler 10 Sekunden lang möglichst rasch auf der Stelle laufen und erneut ihren Puls messen.
- Die Schüler stellen eine erhebliche Tempoveränderung in ihrem Körper fest. Hinweis des Lehrers: Auch im Laufe des Lebens und des Tages verändert sich der Puls.
- Der Lehrer verweist auf Parallelen in der Musik. Dort gibt es meist auch einen Puls, den man häufig nicht explizit hört, der aber spürbar und für die Wirkung einer Musik wichtig ist. Eine Veränderung des Pulses macht sich auch in der Musik deutlich bemerkbar.
- Zur weiteren Illustration kann der Puls zu verschiedenen Hörbeispielen durch Gehen auf der Stelle gefunden werden oder ein bereits bekanntes Lied in verschiedenen Tempi und mit Temposchwankungen gesungen werden.

Tipp	Fortführung: Die Schüler sollen Vermutungen äußern, wie Komponisten ihre Vorstellungen zum Tempo eines Musikstücks vermitteln. Im Gegensatz zu den Tonhöhen, die klar notiert werden können, ist die Angabe des Tempos unbestimmter. Die Vermutungen werden anschließend mit dem Notenbild, etwa eines Musikstücks aus der Romantik, verglichen.

Rhythmen finden

Klasse	5–10
Stundenthema	Notenwerte; Takt; Metrum; Rhythmus
Vorbereitung	Rhythmuskarten
Besonderer Nutzen	Spielerischer Einstieg; Verbindung von eigener praktischer Tätigkeit mit bewusstem Hören; Training rhythmischer Stabilität und Übung des Lesens und Umsetzens von Notenwerten

Möglicher Ablauf

- Auf den Sitzplätzen der Schüler liegen zum Stundenbeginn Karten (siehe Material). Darauf ist ein Rhythmus abgebildet.
- Ein und derselbe Rhythmus findet sich mehrmals in der ganzen Klasse, verteilt nach dem Zufallsprinzip.
- Der Lehrer gibt nun einen gemeinsamen Puls (z. B. mit einer Trommel) vor, die Schüler versuchen, ihren jeweiligen Rhythmus mehrmals hintereinander zu klatschen.
- Nun begeben sich die Schüler auf Partnersuche, indem sie klatschend durch den Raum laufen und Mitschüler suchen, die denselben Rhythmus ausführen.
- Wenn sich Partner gefunden haben, bleiben diese zusammen und bilden eine Gruppe.
- Anschließend können die Schüler untereinander die Karten tauschen, sodass eine neue Suchrunde beginnen kann.

Tipps	▪ Sollten die Schüler wenig Erfahrung in der Umsetzung notierter Rhythmen haben, kann der Lehrer die vorkommenden Rhythmen zu Beginn auf Silben oder Wörter vorsprechen und vorklatschen. Die Schüler vergleichen dabei das Gehörte mit ihrem Notenbild, sodass sie dieses vermutlich identifizieren können. Als weitere Hilfe können alle Rhythmen von den Schülern zunächst auf Silben gesprochen und geklatscht werden. ▪ Neigt die Klasse zu übertriebener Lautstärke und Aktivität oder ist die Klasse zu groß und der Raum zu eng, kann das Spiel zunächst nur von einer Klassenhälfte ausgeführt werden, die übrigen Schüler versuchen dann in einem zweiten Durchgang ihre Partner zu finden.
Variante	▪ Mit den entstandenen Gruppen kann der Lehrer spielerisch weiterarbeiten, z. B. klatschen die Gruppen nacheinander ihre Rhythmen, gleichzeitig oder zeitversetzt um einen Schlag oder um mehrere Schläge, mit dynamischen und/oder klanglichen Schattierungen usw.

Material

Rhythmuskarten

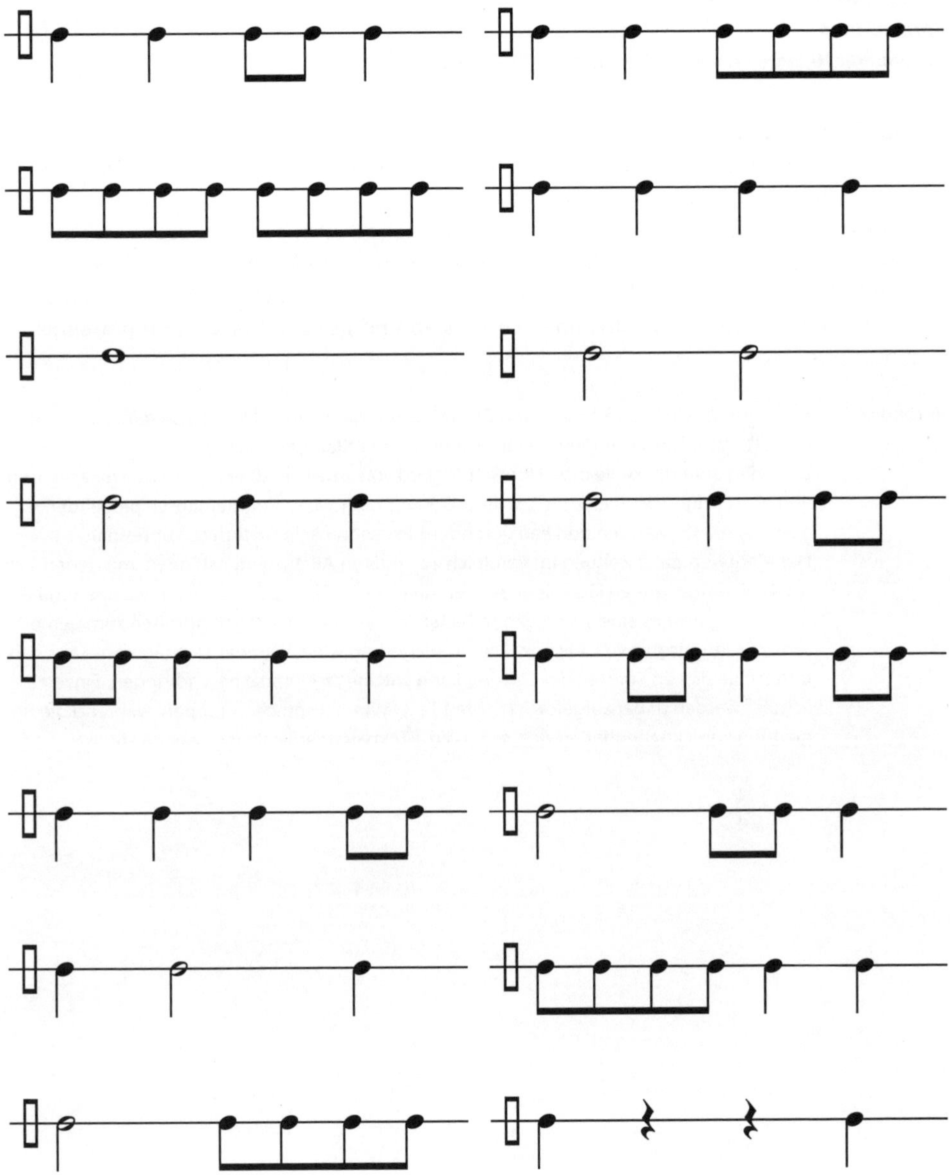

Zeitungsgroove

Klasse	5–10
Stundenthema	Rhythmische Fähigkeiten trainieren
Vorbereitung	Mehrere Tageszeitungen
Besonderer Nutzen	Kreatives Gestalten mit Rhythmen

Möglicher Ablauf

- Zu Beginn der Stunde gibt der Lehrer jedem Schüler eine Doppelseite einer Zeitung. Diese ist sein Rhythmusinstrument.
- Gemeinsam werden einige verschiedene Klangmöglichkeiten von Zeitungen erarbeitet, z. B.: zusammenknüllen, rascheln, mit dem Finger anschnippen, einreißen, reiben …
- Nun sollen die Schüler in kleinen Gruppen (drei bis vier Schüler) einen gemeinsamen Groove mit verschiedenen Rhythmen entwickeln und ihn den Mitschülern präsentieren.

Varianten

- Die Zeitungs-Grooves können eine Grundlage für das weitere Musizieren sein, z. B. als Begleitung zum Singen, Rappen oder Gestalten einer Klanggeschichte.
- Eine markante Textstelle oder Überschrift wird von einem Schüler rhythmisch gelesen und von den übrigen Schülern mit Zeitungs-Sounds oder weiteren (thematisch passenden oder auch unpassenden und karikierenden) Textschnipseln rhythmisch untermalt.
- Der Mehrwert einer Zeitung im Vergleich zu anderen Alltagsgegenständen, mit denen sich rhythmisch musizieren lässt, liegt auf der inhaltlichen Ebene. So können etwa alle Schüler gleichzeitig jeweils eine ausgewählte Textstelle aus ihrer Zeitung rhythmisch zum gemeinsamen Zeitungsgroove sprechen. Die Überlagerung verschiedener Textfragmente aus den unterschiedlichen Sparten der Zeitung kann witzige Ergebnisse hervorbringen. Einzelne Schüler werden dabei aufgefordert, ihren Text lauter zu sprechen/rappen, während die Begleitung zurückhaltender erfolgt, so dass die Textverständlichkeit gewährleistet ist.

Rücken-Rhythmen-Raten

Klasse	5–10
Stundenthema	Notenwerte, Takt, Metrum
Vorbereitung	Einfache, eintaktige Rhythmen auf Folie, möglichst nummeriert
Besonderer Nutzen	Umsetzen von Rhythmen, körperliche Erfahrung von Rhythmus, soziale Förderung, spielerischer Einstieg

Möglicher Ablauf

- Der Lehrer präsentiert auf einer Folie einfache, eintaktige Rhythmen (im Viervierteltakt) unter Verwendung von Halben sowie Viertel- und Achtelnotenwerten.
- Die Schüler setzen diese Rhythmen nun nacheinander klatschend um. Je nach Leistungsstand der Klasse werden die Rhythmen mit dem Lehrer erarbeitet oder selbstständig erschlossen.
- Der Lehrer übernimmt das Einzählen von vier Schlägen mit der Stimme und mit zwei Claves oder Drum-Sticks.
- Nach einigen Durchgängen kann das Einzählen mit der Stimme entfallen. Nachdem die Schüler alle Rhythmen im Plenum kennengelernt haben, finden sie sich paarweise zusammen.
- Ein Schüler tippt nun seinem Partner einen ausgewählten Rhythmus auf den Rücken – dieser muss den passenden Rhythmus auf der Folie erkennen. Der Lehrer übernimmt auch hier die Funktion des Einzählers.
- Wurde der Rhythmus richtig erraten, darf der Schüler nochmals sein Glück versuchen. Nach spätestens drei erfolgreich entschlüsselten Rhythmen wird gewechselt.

Varianten

- Es werden auch Rhythmen im 2er-, 3er-, 5er-Takt einbezogen. Die Schüler müssen dann anhand des Einzählens durch den Lehrer die Taktart erschließen.
- Die Schüler notieren Rhythmen und legen diese nebeneinander auf einen Tisch. Nun klopfen sie ihrem Partner einen Rhythmus auf den Rücken. Dieser wählt aus den notierten Rhythmen den jeweils passenden aus.

Musik malen, ein Bild musizieren

Klasse	5–10
Stundenthema	Werkeinführung; Wirkung von Musik; Musikpräferenzen; Meditation
Vorbereitung	Leeres Papier; Stifte
Besonderer Nutzen	Aktivierung aller Schüler; kreative Förderung

Möglicher Ablauf

- Um ein neues Musikwerk einzuführen, die Wirkung von Musik und verschiedene Musikpräferenzen zu thematisieren oder um einen meditativen Einstieg in die Stunde zur inneren Sammlung anzustoßen, spielt der Lehrer Musik von einem Tonträger vor.
- Die Schüler halten ihre auditiven Sinneseindrücke in eigenen Bildern fest und stellen ihre Bildassoziationen anschließend der Klasse vor. Die Bilder können im Sinne einer Ausstellung auch im Klassenzimmer aufgehängt werden.
- Die Präsentationen sind der Ausgangspunkt für die jeweilige Unterrichtsthematik.
- Alternativ wird ein vorgegebenes Bild, z. B. eine musikalische Grafik, ein abstraktes Gemälde hinsichtlich seiner Verklanglichungsmöglichkeiten besprochen und gemeinsam in Musik umgesetzt. Die Schüler äußern hierzu verschiedene Ideen, experimentieren im Plenum oder in Kleingruppen und erstellen dann einen Gesamtablauf, indem der Lehrer z. B. mit einem Zeigestab über das Bild fährt.

Tipps	▪ Während die Musik erklingt, wird nicht gesprochen. ▪ Verwendung von Fingerfarben und DIN-A3-Papier
Variante	▪ Gestaltung eines Bildes in Partner- oder Kleingruppenarbeit

Zu Musik bewegen und bewegen lassen

Klasse	5–10
Stundenthema	Tanz; Musik & Bewegung
Vorbereitung	Zu Bewegung animierende und passende Musik
Besonderer Nutzen	Aktivierung aller Schüler; kreative und motorische Förderung

Möglicher Ablauf

- Bei Einstiegen zu Themen wie „Tanz“ und „Bewegung zu Musik“ wird vorgeschlagen, die Wörter „Tanz“ und „Bewegung“ zunächst gänzlich zu vermeiden, denn je nach Jahrgangsstufe und Geschlechterverhältnis haben die Schüler mehr oder weniger Schwierigkeiten, sich voreinander zu bewegen. Empfehlenswert ist ein schrittweises Vorgehen (s. Material) und der unmittelbare, aktive Einstieg ohne langdauernde Hinführung und Erläuterung, so dass sich Scheu und Scham möglichst gar nicht erst ausbreiten.
- Die Hinführung besteht aus einem Dreischritt (siehe Material).
- Durch die Abfolge Bewegung im Sitzen – Bewegung im Stehen – Bewegung zur Musik/Tanz haben die Schüler die Möglichkeit, ihren „Raum“ langsam zu erweitern und sich auf die Bewegung vor der Klasse einzustellen. Sie können sich sukzessive daran gewöhnen, erst die Füße, dann weitere Gliedmaßen zu bewegen, erst bei sich zu bleiben, dann die Nachbarn und schließlich die ganze Gruppe einzubeziehen.

Tipp	▪ Als „Rollenschutz“ können kleine Accessoires (z. B. Chiffon-Tücher, Turn-/Tanzbänder), Verkleidungsutensilien oder eine von hinten beleuchtete, weiße Fläche (z. B. Schattenwand) eingesetzt werden, hinter der sich die Schüler partnerweise oder in Kleingruppen zur Präsentation ihrer eigenen Choreografie bewegen.
Variante	▪ Gestaltung eines Marionettentanzes mit selbst gebastelten Figuren

Material

1. Die Schüler sitzen im Kreis und vollziehen einfache Koordinationsaufgaben mit. Im Folgenden ist ein kleines Bewegungsprogramm vorgeschlagen, bei dem eine Weitung der Aufmerksamkeit von den Füßen zu den Händen und schließlich zum Partner erfolgt.
   - Zu Beginn sitzen alle Schüler auf der Stuhlkante, die parallel gestellten **Füße** wandern nun über den Ballen und die Ferse jeweils nach außen und wieder zurück zur Mitte, dabei zählt der Lehrer insgesamt auf „8“ (4 Zählzeiten wandern die Füße nach außen, vier zurück nach innen. Dadurch gewöhnen sich die Schüler an die im Tanz übliche Zählweise).
   - Der rechte Fuß tippt einmal nach außen, dann zurück (Zählzeiten 1 und 2), dann dasselbe mit dem linken Fuß (3 und 4), das Ganze zweimal.
   - Nun erfolgt ein „Kick“ in die Luft nach vorne und zurück, dann ein Kick nach links und zurück (Zählzeiten 1 bis 4), schließlich mit je einem Bein nach rechts und zurück sowie nach links und zurück
   - Die Beine werden über Kreuz gestreckt: erst das rechte Bein nach links vorne und zurück, dann das linke Bein nach rechts vorne und zurück (1 bis 4), dann das rechte Bein nach links hinten und zurück und das linke Bein nach rechts hinten und zurück (5 bis 8).
   - Nun kommen die **Hände** hinzu: Die Hände werden auf den Schenkeln überkreuzt, die Beine öffnen sich und die Hände schlagen parallel auf beide Schenkel, anschließend schließen sich die Beine wieder und die Hände gehen zurück in die überkreuzte Ausgangsposition (4 Wiederholungen zu den Zählzeiten 1 bis 8).
   - Nun kommt der **Nachbar** ins Spiel: Beide Hände tippen auf Zählzeit 1 auf die Knie des rechten Partners, auf Zählzeit 2 auf die eigenen Schenkeln, auf 3 auf die Schenkel des linken Partners und schließlich wieder auf die eigenen Schenkel (Zählzeit 4).
   - Die Hände liegen parallel auf den eigenen Schenkeln. Auf die ungeraden Zählzeiten gehen sie auseinander und tippen gleichzeitig auf die Schenkel des linken und rechten Partners, auf den geraden Zählzeiten patschen sie auf die eigenen Schenkel.
   - Auf Zählzeit 1 patschen die Schüler auf die eigenen Schenkel. Auf 2 klatschen sie in die Hände, auf 3 klatschen sie in die Hände des rechten Partners, auf 4 in die Hände des linken Partners (Zählzeit 5 bis 8 identisch).
2. Die Schüler stehen und führen dieselben Übungen nochmals **im Stehen** aus. Dabei wird ihr Kurzzeitgedächtnis aktiviert und sie vollziehen bereits im Stehen koordinierte Bewegungsfolgen. An dieser Stelle kann auch **Musik zur Abwechslung** und zur musikalischen Ausrichtung des Handelns zum Einsatz kommen.
3. Die Schüler lernen nun eine **gemeinsame Bewegungsabfolge**, die abschließend in einen Tanz mündet. Der Lehrer gibt eine oder mehrere Bewegungen vor. Die Schüler können ebenso Bewegungsideen äußern, die die Mitschüler nachvollziehen möchten. Dies kann man auch reihum machen, sodass jeder Schüler in die Rolle eines Choreografen schlüpfen muss. Anschließend wird an der Gesamtaufstellung gearbeitet.

Freeze

Klasse	5–7
Stundenthema	Bewegung zu Musik
Vorbereitung	Hörbeispiele
Besonderer Nutzen	Abbau von Ängsten in Bezug auf Bewegung; Körperkoordination; spielerischer, humorvoller Einstieg; Aktivierung aller Schüler

Möglicher Ablauf

- Benötigt wird eine freie Fläche, auf der die Schüler umhergehen können.
- Während der Lehrer Musik abspielt, laufen die Schüler durch den freien Raum.
- Sobald die Musik stoppt, verharren die Schüler wie „festgefroren" an Ort und Stelle.
- Nun darf sich ein Schüler eine neue Fortbewegungs-/Ausdrucksweise wünschen, z. B. in der Hocke, vier Schritte schnell – vier Schritte langsam, auf Zehenspitzen, freudig hüpfen, wütend stampfen usw.
- Die Schüler gehen nun mit der neuen Bewegungsvorschrift zur Musik im Raum umher, bis der Lehrer wieder das „Freeze"-Kommando gibt und alle in ihrer Position verharren.
- Die Schüler sind nach einigen Durchgängen, die sicherlich auch von humorvollen Bemerkungen und Lachen begleitet sind, so aufgelockert, dass der Musikunterricht mit weiteren Bewegungselementen fortgesetzt werden kann.

Varianten

- Der Klang der Musik wird nach einem erstmaligen Durchgang besprochen und die Gehweise angepasst. Bei einer Oper können sich die Schüler im Sinne der Szenischen Interpretation eine bestimmte Rolle aussuchen und ihren Gang und ihre Haltung entsprechend zum Ausdruck bringen. Bei einem Pop-/Rocksong können sich die Schüler ebenfalls Bewegungen der Sänger/Instrumentalisten zu eigen machen und Luftschlagzeug spielen, wie ein Rocksänger gestikulieren, wie ein E-Gitarrist auf der Bühne herumlaufen etc.
- Der Lehrer gibt während des Umhergehens Vorschläge zur Gehweise (z. B. schnell, langsam, leise, laut, traurig, freudig, mit großen Bewegungen, mit kleinen Bewegungen etc.).

Puls finden

Klasse	5–10
Stundenthema	Liederarbeitung; rhythmische Übungen; Klassenmusizieren
Vorbereitung	—
Besonderer Nutzen	Spielerischer Einstieg; Aktivierung aller Schüler; Förderung des Zuhörens und sozialen Miteinanders

Möglicher Ablauf

- Die Schüler sollen auf ein Zeichen hin an ihrem Platz in ihrem jeweils eigenen Tempo auf der Stelle gehen, um daraufhin einen gemeinsamen Puls zu finden.
- Der Lehrer zählt nicht in einem vorgegebenen Tempo ein, sondern die Schüler bestimmen selbst ihren gemeinsamen Gruppenpuls, z. B. ihren „Donnerstagmorgen-9:40-Uhr-Puls".
- Von diesem ausgehend setzen sie Klatschübungen, eine Bodypercussion, einen Raptext, eine Liedmelodie usw. um.

Variante	■ Der Lehrer oder ein Schüler gibt vorab Hinweise zum zu findenden Puls, z. B.: „Versucht in einem möglichst hohen Tempo einen gemeinsamen Puls zu finden", „Bewegt euch so leise wie möglich", „Bewegt nur die Fersen/Zehenspitzen", „Versucht, euch nicht gleich an ein gemeinsames Tempo anzupassen" etc.

Jeder nur ein Mal

Klasse	5–10
Stundenthema	Improvisation; Motiv und Motivverarbeitung
Vorbereitung	—
Besonderer Nutzen	Spielerischer Einstieg; Aktivierung aller Schüler; Förderung des Zuhörens und sozialen Miteinanders

Möglicher Ablauf

- Die Schüler denken sich zur musikalischen Einstimmung jeweils eine kurze Klang-/Geräuschaktion aus. Dazu können das Singen einer Melodiephrase, das Schnalzen mit der Zunge, Pfeifen, eine kurze Bodypercussion, der Einsatz von Stiften, Mäppchen, Schulbuch, Stuhl und Tisch usw. gehören.
- Aus der Stille führt jeder Schüler seine Aktion genau einmal aus.
- Die Schüler achten dabei auf Pausen der Mitschüler und versuchen, den optimalen Moment für ihre Geräusch-/Klangaktion zu finden. Hier geht es um ein ganz bewusstes Platzieren von Klängen und Tönen, um Spannung zu erzeugen und zu halten.
- Wenn jeder genau einmal gespielt hat, ist das Stück zu Ende. Ähnlich dem Beginn des Musizierens achten die Schüler auch nach der letzten Aktion auf Stille.
- Dem Erstversuch können sich weitere Versuche anschließen. Zwischen den Durchgängen sollte mit den Schülern kurz besprochen werden, was ihnen gut gefallen hat, was verbesserungsfähig wäre und wodurch sich das Stück evtl. interessanter gestalten ließe. Diese Reflexionsphase sollte allerdings sehr kurz ausfallen, um das Musizieren nicht zu „zerreden“.

Varianten	▪ Jeder Schüler stellt seine Aktion kurz im Plenum vor. ▪ Jeder Schüler erhält ein Instrument / einen Alltagsgegenstand, mit dem er die Aktionen ausführt. ▪ Die Häufigkeit der eigenen Klangaktionen kann variieren. So darf jeder Schüler zwei- oder dreimal oder beliebig oft seine Aktion ausführen.
Tipp	▪ Besonders motivierend und erkenntnisreich sind Aufnahmen derartiger Schüleraktionen, z. B. mit der Aufnahmefunktion eines Smartphones oder eines Mp3-Rekorders, um die Aufnahmen anschließend zu besprechen. Eine Aufnahme gewährleistet zudem maximale Konzentration und Ruhe, da es auf den entscheidenden Moment ankommt, ab dem die Aufnahme läuft.

Führen und Geführtwerden

Klasse	5–10
Stundenthema	Improvisation; bewusstes Hören von Musik
Vorbereitung	—
Besonderer Nutzen	Spielerischer Einstieg; Aktivierung aller Schüler; Förderung des Zuhörens und sozialen Miteinanders; „Ohrenöffner“

Möglicher Ablauf

- Ein Schüler führt eine beliebige, gleichbleibende Geräuschaktion aus, z. B. mit den Fingerspitzen sachte auf dem Brustkorb trommeln (alternativ: auf den Oberschenkeln), auch andere ostinate Geräuschaktionen sind denkbar wie z. B. mit zwei Stiften auf dem Tisch trommeln, die Hände aneinander reiben usw.
- Die übrigen Schüler setzen gemeinsam in derselben Lautstärke ein, sodass ein gleichmäßiger Geräuschteppich entsteht, bei dem man die Einzelnen nicht mehr wahrnimmt, sondern nur noch den Gruppenklang (dominante Schüler müssen sich hier zurücknehmen, schüchterne Schüler werden „aus der Reserve gelockt“).
- Wenn der gemeinsame Geräuschteppich in einer Lautstärke funktioniert, kann der führende Schüler dynamische Veränderungen herbeiführen, auf die die übrigen Schüler reagieren müssen, z. B. sehr leise werden (pianissimo), plötzliche Lautstärkeveränderungen (sforzato), lauter werden (crescendo), leise werden (decrescendo), sehr laut werden (fortissimo) usw.
- Die Rolle des führenden Schülers wird nach einiger Zeit an einen Mitschüler abgegeben, der die Gruppe mit einer anderen Geräuschaktion und weiteren Veränderungen (Tempo, Artikulation, Rhythmus, verwendete Körperteile …) führt.

Tipp	▪ Falls das gemeinsame Einsetzen aller Schüler nicht zu einem befriedigenden Klangerlebnis führt, können die Schüler auch nacheinander einsetzen und sich so an den allmählich entstehenden Geräuschteppich gewöhnen.
Variante	▪ Eine fortgeschrittene Version besteht darin, dass sich die Schüler zuvor eine Geräuschaktion überlegen. Nun beginnt der erste Schüler, führt seine Aktion aus, die übrigen Schüler steigen in exakt gleicher Lautstärke ein. Nun gibt der erste Schüler während des Spiels (mit oder ohne Veränderungen) an einen Mitschüler ab, der das Spiel mit einer neuen Geräuschaktion fortführt. So entsteht eine abwechslungsreiche Geräuschlandschaft, bei der die Schüler auf genaues Hinhören, Produzieren und Reproduzieren von Geräuschen sowie auf die Ausübung der eigenen Führungsrolle achten müssen.

Call & Response

Klasse	5–10
Stundenthema	Improvisation, Singen, Puls, Rhythmus, Call & Response; Liedeinführung
Vorbereitung	—
Besonderer Nutzen	Spielerischer Einstieg; Aktivierung aller Schüler; Förderung des Zuhörens und sozialen Miteinanders; Förderung von Kreativität

Möglicher Ablauf

- Die Schüler stehen mit dem Lehrer im Kreis.
- Auf ein Zeichen hin versuchen die Schüler, ein gemeinsames Tempo beim Gehen auf der Stelle zu finden. (Alternative: Das Tempo wird vom Lehrer vorgegeben, vgl. S. 60).
- Nun setzt sich die Gruppe mit Seitwärts-Schritten gegen den Uhrzeigersinn in Bewegung: der rechte Fuß wandert nach rechts, der linke zieht nach usw. Dabei achten die Schüler darauf, dass sie nicht schneller werden und dass ihre Bewegungen mit denen ihrer Nachbarn übereinstimmen. So entwickelt sich ein gleichmäßiger Flow (1. Aufmerksamkeitsebene: Puls).
- Nun wird auf den Zählzeiten 2 und 4 jeweils ein Schnipsen (oder Klatschen) hinzugefügt (2. Aufmerksamkeitsebene: Backbeat).
- Über dem entstandenen Bewegungs- und Rhythmikgroove singt der Lehrer nun kurze Melodiephrasen vor (alternativ: gesprochene Silben oder Wörter), die die Schüler wiederholen (3. Aufmerksamkeitsebene: Singen/Sprechen). Die Bandbreite kann dabei – je nach Leistungsstand der Schüler – von Ein- und Zweitonmotiven bis hin zu komplexeren melodischen und rhythmischen Figuren reichen.
- Während sich die Gruppe im Kreis weiterbewegt (auch ein Richtungswechsel ist jederzeit möglich), wird die Aufgabe, eine kurze Phrase zu erfinden, an den nächsten Schüler weitergegeben. Die übrigen Schüler wiederholen den Einfall und der/die Nächste ist an der Reihe. Dies wird fortgesetzt, bis alle Schüler ihren Einfall mit der Gruppe umgesetzt haben. Währenddessen schnipsen/klatschen die Schüler weiter.

Tipps

- Diese an die afroamerikanische Musizierpraxis angelegte Methode kann vielfach verändert werden. Beispielsweise kann die Schrittfolge anspruchsvoller gestaltet werden: Die Schüler gehen nicht nur seitwärts, sondern z. B. die Zählzeit 1 mit einem Ausfallschritt zur Mitte hin, zudem kann das Tempo variiert werden.
- Anstelle des Schnipsens und Klatschens können Bälle eingesetzt werden, die von Schüler zu Schüler weiterwandern, indem sie auf Zählzeit 1 so auf den Boden geworfen werden, dass sie die Nachbarn auffangen können.
- Die gesungenen Phrasen können bereits auf ein bestimmtes Lied/Sprechstück hinführen und diesem entlehnt sein.

Unterrichtseinstiege allgemein

Greving, Johannes/Paradies, Liane (2011): Unterrichts-Einstiege – ein Studien- und Praxisbuch. Berlin.

Mendler, Allen N. (2003). Uninteressierte Schüler motivieren. Mülheim/Ruhr.

Meyer, Hilbert (2011): UnterrichtsMethoden II, Praxisband. 14. Auflage. Berlin.

Thömmes, Arthur (2005): Produktive Unterrichtseinstiege. Mühlheim/Ruhr.

Förderung von Wahrnehmung, Aufmerksamkeit und Koordination in Verbindung mit Musikpraxis, Musikhören und Bewegung

Filz, Richard (2003): Groove Karaoke: Gesungene Rhythmen mit Songbegleitung. Wien.

Filz, Richard (2012): Rhythmus aus der Schultasche: Rhythmisches Gruppen- & Klassenmusizieren. Rum/Innsbruck.

Filz, Richard (2012): BodyGroove Kids 1: Bodypercussion für Kinder von 6–10 Jahren. Rum/Innsbruck. (Folgebände: „BodyGroove Kids 2“ (2013) und „Body Groove Advanced“ (2014))

Friedemann, Lilli (1983): Trommeln – Tanzen – Tönen. 33 Spiele für Große und Kleine. Wien.

Schwabe, Matthias (1992): Musik spielend erfinden. Improvisieren in der Gruppe für Anfänger und Fortgeschrittene. Kassel.

Steiner, Johannes (2014): Circle Grooves. Der einfache Weg zum lebendigen Klassenmusizieren. Wien.

Terhag, Jürgen (2009): Warm-ups. Musikalische Übungen für Kinder, Jugendliche und Erwachsene. 1. Aufl. Mainz.

Terhag, Jürgen / Winter, Jörn Kalle (2012): Live-Arrangement. Mainz.

Unterrichtsmethoden und -einstiege im Fach Musik

Beiderwieden, Ralf (2008): Musik unterrichten: Eine systematische Methodenlehre. Kassel.

Buschendorff, Florian (2010): 200 Methoden für den Musikunterricht. Mülheim/Ruhr.

Buschendorff, Florian (2012): 100 Methoden für den Musikunterricht. Mülheim/Ruhr.

Heukäufer, Norbert (Hrsg., 2007): Musik Methodik. Berlin.

Raab, Martina (2014): Appetizer Musik: Ideen und Materialien für themenorientierte Stundeneinstiege. Mühlheim/Ruhr.

Unterrichtsstörungen, Classroom-Management und Selbst-/Fremdreflexion

Eberhard, Daniel Mark (2010): Ursachen von Unterrichtsstörungen im Fach Musik aus Sicht der Beteiligten und Entwicklung eines Diagnosebogens zur Metakommunikation im Musikunterricht der Bayerischen Realschule. URL: http://opus.bibliothek.uni-augsburg.de/volltexte/2010/1623/ (31. 10. 2011).

Grohé, Micaëla (2011): Der Musiklehrer-Coach. Professionelles Handeln in konflikthaften Unterrichtssituationen. Rum/Innsbruck/Esslingen.